AUTORIDAD INTERNACIONAL DE LOS FONDOS MARINOS: TEXTOS BÁSICOS

Segunda Edición

Autoridad Internacional de los Fondos Marinos
Kingston, Jamaica, 2012

Publicado en Jamaica (2012) por
International Seabed Authority

© International Seabed Authority, 2012

National Library of Jamaica Cataloguing-in-Publication Data

International Seabed Authority
    Compendio de Textos Básicos de la Autoridad Internacional de los
    Fondos Marinos. - 2ª Edición.
        págs.; cm

    ISBN 978 976 8241 07 8

    1.   International Seabed Authority 2. Maritime law
    3.   Access to the sea (international law)
    I.   Title
    341.450262 dc 22

Cubierta: Errol Stennett

INTRODUCCIÓN

Esta segunda edición del Compendio de Textos Básicos de la Autoridad Internacional de los Fondos Marinos contiene el texto completo de los reglamentos de los diversos órganos y organismos de la Autoridad, así como las decisiones de organización pertinentes de esos órganos y decisiones y documentos relacionados con las relaciones externas de la Autoridad. La segunda edición ha sido actualizada para incluir el Acuerdo Complementario entre el Gobierno de Jamaica y la Autoridad Internacional de los Fondos Marinos firmado en 2003. Desde la publicación de la primera edición, la Autoridad ha celebrado además varios acuerdos de cooperación con organizaciones intergubernamentales y no gubernamentales, que se incluyen también en la presente edición.

La Autoridad Internacional de los Fondos Marinos se constituyó el 16 de noviembre de 1994, al entrar en vigor la Convención de las Naciones Unidas sobre el Derecho del Mar de 10 de diciembre de 1982. De conformidad con la Parte XI de la Convención de 1982 y el Acuerdo de 1994, la Autoridad es la organización por conducto de la cual los Estados partes en la Convención organizan y controlan la exploración y explotación de los recursos minerales de los fondos marinos y oceánicos y su subsuelo fuera de los límites de la jurisdicción nacional. Durante los primeros años de su existencia, las gestiones de los miembros de la Autoridad y de la Secretaría se orientaron principalmente hacia la adopción de las decisiones de organización necesarias para el correcto funcionamiento de la Autoridad en calidad de organización internacional autónoma dentro del régimen común de las Naciones Unidas, incluida la elección de los diversos órganos y organismos de la Autoridad, la aprobación del reglamento de esos órganos y organismos, la aprobación del reglamento financiero, la aprobación del Acuerdo relativo a la sede y el Protocolo sobre los privilegios e inmunidades, así como la adopción del sello, emblema y bandera oficiales de la Autoridad Internacional de los Fondos Marinos. Ahora que se ha concluido la fase de organización de la Autoridad, se considera oportuno presentar reunidos en un solo volumen los materiales relacionados con esas decisiones.

El presente volumen se ha preparado para complementar *The Law of the Sea: Compendium of Basic Documents* que publicó en 2001 la Autoridad. Ese volumen incluía, además del texto completo de la Convención de 1982, sus nueve anexos y resoluciones conexas, una versión consolidada de la Parte XI de la Convención de 1982 y el anexo del Acuerdo relativo a la aplicación de la Parte XI de la Convención de las Naciones Unidas sobre el Derecho del Mar de 10 de diciembre de 1982, aprobado el 28 de julio de 1994, y el Reglamento sobre prospección y exploración de nódulos polimetálicos en la Zona, aprobado por la Asamblea de la Autoridad en julio de 2000.

Nota sobre las fuentes documentales

Cada sección del presente Compendio contiene un breve comentario fáctico sobre el origen del instrumento o la decisión de que se trate, junto con una lista

de las fuentes documentales, incluidos los documentos de trabajo pertinentes y
los documentos de la Comisión Preparatoria de la Autoridad Internacional de los
Fondos Marinos y del Tribunal Internacional del Derecho del Mar y de la Autoridad
Internacional de los Fondos Marinos.

La documentación de la Comisión Preparatoria se publicó sólo en versión
mimeografiada (con la signatura LOS/PCN/-). Sin embargo, la mayor parte de los
documentos importantes se incluyó en los dos informes finales de la Comisión
Preparatoria, distribuidos con la signatura LOS/PCN/152 (cuatro volúmenes) en
relación con el Tribunal Internacional del Derecho del Mar y LOS/PCN.153 (13
volúmenes) en relación con la Autoridad Internacional de los Fondos Marinos
y la aplicación de la resolución II de la Tercera Conferencia de las Naciones
Unidas sobre el Derecho del Mar. Los documentos correspondientes al período
1983-1991, incluidos los documentos oficiosos, se han reproducido también en
forma sistemática en R. Platzöder (compilador), *The Law of the Sea: Documents
1983-1991* (13 volúmenes).

Los documentos oficiales publicados por la Autoridad Internacional de los
Fondos Marinos comienzan con las letras "ISBA". Los documentos oficiales de
la Asamblea (A) y del Consejo (C) aparecen en cuatro series: -/1, -/L.1, -/WP.1
y -/INF.1, que corresponden a documentos de distribución general, documentos
de distribución limitada, documentos de trabajo y documentos informativos,
respectivamente. En la signatura de los documentos de los dos primeros períodos
de sesiones no figura el número del período de sesiones (por ejemplo, ISBA/A/1),
pero sí en los documentos correspondientes al tercer período de sesiones en
adelante (por ejemplo, ISBA/3/A/1). Además de los documentos A y C existen
las siguientes series: ISBA/F o FC (Comité de Finanzas) e ISBA/LTC (Comisión
Jurídica y Técnica).

La Autoridad Internacional de los Fondos Marinos no levanta actas literales o
resumidas. La Secretaría hace y conserva grabaciones sonoras. En los comunicados
de prensa dados por la Autoridad figuran resúmenes de las reuniones de los
órganos de la Autoridad Internacional de los Fondos Marinos, pero no se trata de
documentos oficiales y no son necesariamente exactos. Las sucesivas declaraciones
de los Presidentes de la Asamblea y el Consejo sobre la labor de esos órganos y
los informes anuales del Secretario General contienen relaciones oficiales de la
labor de la Autoridad.

La Autoridad Internacional de los Fondos Marinos publica anualmente un
compendio de decisiones y documentos seleccionados de cada período de sesiones
(que se cita como *Selección de Decisiones 1/2/3*, etc.). Cada volumen incluye un
índice de los documentos principales de la Asamblea y el Consejo. Periódicamente,
la *Selección de Decisiones* incluye un índice acumulativo de esos documentos.

ÍNDICE

I – ORGANIZACIÓN INTERNA DE LA AUTORIDAD INTERNACIONAL DE LOS FONDOS MARINOS

A – REGLAMENTOS DE LOS ÓRGANOS DE LA AUTORIDAD INTERNACIONAL DE LOS FONDOS MARINOS

REGLAMENTO DE LA ASAMBLEA DE LA AUTORIDAD INTERNACIONAL DE LOS FONDOS MARINOS

Índice

NOTA DE INTRODUCCIÓN

El 28 de julio de 1994 la Asamblea General de las Naciones Unidas aprobó el Acuerdo relativo a la aplicación de la Parte XI de la Convención de las Naciones Unidas sobre el Derecho del Mar, y el Acuerdo ha sido aplicado provisionalmente desde el 16 de noviembre de 1994.

Con arreglo al Acuerdo, sus disposiciones y la Parte XI de la Convención deberán interpretarse y aplicarse juntamente como un solo instrumento; el presente reglamento y las referencias a la Convención que en él figuran deberán interpretarse y aplicarse en la forma correspondiente.

I. PERÍODOS DE SESIONES

PERÍODOS ORDINARIOS DE SESIONES

Períodos ordinarios de sesiones anuales

Artículo 1

La Asamblea celebrará un período ordinario de sesiones cada año a menos que decida otra cosa.

Fecha y duración

Artículo 2

La fecha de comienzo y la duración de cada uno de los períodos de sesiones las fijará la Asamblea en su anterior período de sesiones.

Notificación a los miembros

Artículo 3

El Secretario General notificará a los miembros de la Autoridad, con sesenta días de antelación como mínimo, la apertura de cada período ordinario de sesiones.

PERÍODOS EXTRAORDINARIOS DE SESIONES

Convocación de períodos extraordinarios de sesiones

Artículo 4

1. La Asamblea podrá convocar períodos extraordinarios de sesiones y fijará la fecha de comienzo y la duración de cada uno de esos períodos de sesiones.

2. A petición del Consejo o de una mayoría de los miembros de la Autoridad, el Secretario General convocará a la Asamblea a un período extraordinario de sesiones que se celebrará no antes de treinta días ni después de noventa días a partir de la fecha de recepción de dicha petición, a no ser que en ella se estipule otra cosa.

3. Cualquier miembro de la Autoridad podrá pedir al Secretario General que convoque a la Asamblea a un período extraordinario de sesiones. El Secretario

General comunicará inmediatamente la petición a los demás miembros de la Autoridad y les preguntará si están de acuerdo con ella. Si dentro de los treinta días siguientes a la fecha de la comunicación del Secretario General la mayoría de los miembros de la Asamblea manifiesta su conformidad con la petición, el Secretario General convocará un período extraordinario de sesiones de la Asamblea que se reunirá no antes de treinta días ni más tarde de noventa días a partir de la recepción de dicha conformidad.

Notificación a los miembros

Artículo 5

El Secretario General notificará a los miembros de la Autoridad, con treinta días de antelación como mínimo, la apertura de un período extraordinario de sesiones.

PERÍODOS DE SESIONES ORDINARIOS Y EXTRAORDINARIOS

Lugar de reunión

Artículo 6

La Asamblea se reunirá en la sede de la Autoridad, a menos que decida otra cosa.

Notificación a los observadores

Artículo 7

Se enviará copia de la convocatoria de cada período de sesiones de la Asamblea a los observadores a que se refiere el artículo 82.

Suspensión temporal de un período de sesiones

Artículo 8

La Asamblea podrá acordar, en cualquier período de sesiones, la suspension temporal de sus sesiones y la reanudación de éstas en una fecha ulterior. Normalmente no se suspenderá un período ordinario de sesiones hasta más allá de fin de año.

II. PROGRAMA

PERÍODOS ORDINARIOS DE SESIONES

Programa provisional

Artículo 9

El Secretario General elaborará el programa provisional de cada period ordinario de sesiones y lo comunicará a los miembros de la Asamblea y a los observadores a que se refiere el artículo 82 por lo menos sesenta días antes de la apertura del período de sesiones.

Preparación del programa provisional

Artículo 10

El programa provisional de cada período ordinario de sesiones deberá incluir:
(a) La memoria del Secretario General sobre la labor de la Autoridad;
(b) Los informes del Consejo y de la Empresa[1] y los informes especiales pedidos al Consejo o a cualquier otro órgano;
(c) Los temas cuya inclusión haya sido ordenada por la Asamblea en un período de sesiones anterior;
(d) Los temas propuestos por el Consejo;
(e) Los temas propuestos por cualquier miembro de la Autoridad;
(f) Los temas relativos al presupuesto para el ejercicio económico siguiente y el informe sobre las cuentas correspondientes al ultimo ejercicio económico;
(g) Los demás temas que el Secretario General juzgue necesario someter a la consideración de la Asamblea.

Temas suplementarios

Artículo 11

Cualquier miembro de la Asamblea, el Consejo o el Secretario General podrán solicitar, por lo menos treinta días antes de la fecha fijada para la apertura de un período ordinario de sesiones, la inclusión de temas suplementarios en el programa. Estos temas serán consignados en una lista suplementaria, que se comunicará a los miembros de la Asamblea y a los observadores a que se refiere el artículo 82 por lo menos veinte días antes de la apertura del período de sesiones.

Temas adicionales

Artículo 12

Los temas adicionales de carácter importante y urgente cuya inclusion en el programa sea propuesta menos de treinta días antes de la apertura de un período ordinario de sesiones o durante un período ordinario de sesiones podrán ser incluidos en el programa si la Asamblea así lo decide por mayoría de los miembros de la Asamblea presentes y votantes. A menos que la Asamblea decida otra cosa por mayoría de dos tercios de los miembros de la Asamblea presentes y votantes, ningún tema adicional podrá ser examinado hasta que hayan transcurrido siete días desde su inclusión en el programa.

PERÍODOS EXTRAORDINARIOS DE SESIONES

Comunicación del programa provisional

Artículo 13

El programa provisional de un período extraordinario de sesiones sera comunicado a los miembros de la Autoridad y a los observadores a que se refiere el artículo 82 por lo menos catorce días antes de la apertura del period de sesiones.

---

[1] Véase la nota 2.

Programa provisional

Artículo 14

El programa provisional de un período extraordinario de sesiones comprenderá únicamente los temas propuestos para su examen en la petición de convocación del período de sesiones.

Temas suplementarios

Artículo 15

Cualquier miembro de la Asamblea, el Consejo o el Secretario General podrán solicitar, por lo menos siete días antes de la fecha fijada para la apertura de un período extraordinario de sesiones, la inclusión de temas suplementarios en el programa. Esos temas serán consignados en una lista suplementaria, que se comunicará a los miembros de la Asamblea y a los observadores a que se refiere el artículo 82 tan pronto como sea posible.

Temas adicionales

Artículo 16

Durante un período extraordinario de sesiones, se podrán añadir al programa los temas que figuren en la lista suplementaria, así como temas adicionales, en virtud de una decisión tomada por mayoría de dos tercios de los miembros de la Asamblea presentes y votantes.

PERÍODOS DE SESIONES ORDINARIOS Y EXTRAORDINARIOS

Memorando explicativo

Artículo 17

Con todo tema propuesto para su inclusión en el programa deberá presentarse un memorando explicativo y, a ser posible, documentos básicos o un proyecto de resolución.

Aprobación del programa

Artículo 18

En cada período de sesiones se someterán a la aprobación de la Asamblea, tan pronto como sea posible después de la apertura del período de sesiones, el programa provisional y la lista suplementaria.

Modificación y supresión de temas

Artículo 19

La Asamblea, por mayoría de sus miembros presentes y votantes, podrá modificar o suprimir temas de su programa.

Debate sobre la inclusión de temas

Artículo 20

El debate sobre la inclusión de un tema en el programa quedará limitado a tres representantes de los miembros de la Asamblea en favor de la inclusión y tres en contra de ella. El Presidente podrá limitar la duración de las intervenciones de los oradores en virtud del presente artículo.

Modificación de la distribución de gastos

Artículo 21

No se podrá incluir en el programa propuesta alguna encaminada a modificar la distribución de los gastos que esté vigente si no ha sido comunicada a los miembros de la Autoridad por lo menos noventa días antes de la apertura del período de sesiones.

III. REPRESENTACIÓN

Representación

Artículo 22

1. Cada miembro de la Asamblea estará representado por un representante acreditado y por los representantes suplentes y los consejeros que se juzguen necesarios.

2. Los observadores a que se refiere el artículo 82 estarán representados por representantes acreditados o designados, según proceda, y por los representantes suplentes y los consejeros que se juzguen necesarios.

3. El representante podrá designar a un representante suplente o a un consejero para que lo sustituya.

IV. PODERES

Presentación de credenciales

Artículo 23

Las credenciales de los representantes y los nombres de los representantes suplentes y los consejeros deberán ser comunicados al Secretario General de ser posible no después de 24 horas contadas desde la apertura del período de sesiones. Las credenciales deberán ser expedidas por el Jefe de Estado o de Gobierno, por el Ministro de Relaciones Exteriores o la persona autorizada por él o, en el caso de las entidades a que se refiere el apartado f) del párrafo 1 del artículo 305 de la Convención de las Naciones Unidas sobre el Derecho del Mar, por otra autoridad competente.

Comisión de Verificación de Poderes

Artículo 24

Al principio de cada período de sesiones se nombrará una Comisión de Verificación de Poderes, integrada por nueve miembros de la Asamblea designados por la Asamblea a propuesta del Presidente. La Comisión elegirá a los miembros de su propia mesa. La Comisión examinará las credenciales de los representantes de los miembros e informará sin demora a la Asamblea.

Admisión provisional a un período de sesiones

Artículo 25

Los representantes podrán participar provisionalmente en la Asamblea hasta que ésta haya tomado una decisión sobre sus credenciales.

Impugnación de la representación

Artículo 26

Si se impugnare a un representante, la cuestión será examinada de inmediato por la Comisión de Verificación de Poderes. El informe correspondiente será presentado sin demora a la Asamblea para que ésta tome una decisión al respecto.

V. PRESIDENTE Y VICEPRESIDENTES

Presidente provisional

Artículo 27

Al abrirse cada período ordinario de sesiones de la Asamblea, el Presidente del período de sesiones anterior o, en su ausencia, el jefe de la delegación de la que se eligió al Presidente del período de sesiones anterior presidirá hasta que la Asamblea haya elegido el Presidente para el nuevo período de sesiones.

Elecciones

Artículo 28

Al comienzo de cada período ordinario de sesiones la Asamblea elegirá a su Presidente y a cuatro Vicepresidentes de modo que quede asegurado el carácter representativo de la Mesa. Estos ocuparán su cargo hasta que sean elegidos el nuevo Presidente y los demás miembros de la Mesa en el siguiente período ordinario de sesiones.

Presidente interino

Artículo 29

Cuando el Presidente estime necesario ausentarse durante una sesión o parte de ella, designará a uno de los Vicepresidentes para que lo sustituya.

Atribuciones del Presidente interino

Artículo 30

Cuando un Vicepresidente actúe como Presidente tendrá las mismas atribuciones y obligaciones que el Presidente.

Sustitución del Presidente

Artículo 31

Cuando el Presidente se halle en la imposibilidad de ejercer sus funciones se elegirá un nuevo Presidente para el tiempo que quede hasta la expiración del mandato.

Atribuciones generales del Presidente

Artículo 32

Además de ejercer las atribuciones que le confieren otras disposiciones de este reglamento, o la Convención de las Naciones Unidas sobre el Derecho del Mar, el Presidente abrirá y levantará cada una de las sesiones plenarias, dirigirá los debates en las sesiones plenarias, velará por la aplicación de este reglamento, concederá la palabra, hará preguntas y proclamará las decisiones. Decidirá sobre las cuestiones de orden y, con sujeción a este reglamento, tendrá plena autoridad para dirigir las deliberaciones y para mantener el orden en ellas. El Presidente podrá, en el curso del debate sobre un tema, proponer a la Asamblea la limitación del tiempo de uso de la palabra, la limitación del número de intervenciones de cada representante, el cierre de la lista de oradores, o el cierre del debate. También podrá proponer la suspensión o el levantamiento de la sesión o el aplazamiento del debate sobre el asunto que se esté discutiendo.

Limitación de las atribuciones del Presidente

Artículo 33

El Presidente, en el ejercicio de sus funciones, queda supeditado a la autoridad de la Asamblea.

Votación del Presidente y del Presidente interino

Artículo 34

El Presidente, o el Vicepresidente que ejerza las funciones de Presidente, no participará en las votaciones, pero designará a otro miembro de su delegación para que vote en su lugar.

VI. MESA

Artículo 35

El Presidente y los Vicepresidentes integrarán la Mesa que se reunirá periódicamente durante cada período de sesiones para examinar los progresos realizados por la Asamblea y sus órganos subsidiarios, y para hacer recomendaciones con el objeto de promover su labor. Se reunirá también cada vez que el Presidente lo considere necesario o a solicitud de cualquier otro de sus miembros. La Mesa ayudará al Presidente en la dirección general de las tareas de la Asamblea que a él competen. Los Presidentes de los órganos subsidiarios de la Asamblea podrán ser invitados a asistir a las sesiones de la Mesa.

VII. SECRETARÍA

Funciones del Secretario General

Artículo 36

1.   El Secretario General actuará como tal en todas las sesiones de la Asamblea y sus órganos subsidiarios. Podrá designar a un miembro de la Secretaría para que actúe en su lugar en dichas sesiones y desempeñará las demás funciones que le encomiende la Asamblea en el curso de sus actividades.

2.   El Secretario General proporcionará y dirigirá el personal necesario para la Asamblea y sus órganos subsidiarios.

Funciones de la Secretaría

Artículo 37

La Secretaría recibirá, traducirá, reproducirá y distribuirá los documentos, informes y resoluciones de la Asamblea y sus órganos subsidiarios, interpretará a otros idiomas los discursos pronunciados en las sesiones, redactará y distribuirá, si así lo decide la Asamblea con arreglo al artículo 42, las actas del período de sesiones, custodiará y conservará los documentos en los archivos de la Autoridad, distribuirá todos los documentos de la Asamblea a los miembros de la Autoridad y a los observadores a que se refiere el artículo 82 y, en general, ejecutará todas las demás tareas que la Asamblea le encargue.

Memoria del Secretario General sobre la labor de la Autoridad

Artículo 38

El Secretario General presentará a la Asamblea, en su período ordinario de sesiones, una memoria anual y los informes suplementarios que sean necesarios sobre la labor de la Autoridad. Comunicará la memoria anual a los miembros de la Autoridad y a los observadores a que se refiere el artículo 82 por lo menos cuarenta y cinco días antes de la apertura del período ordinario de sesiones.

VIII. IDIOMAS

Idiomas

Artículo 39

El árabe, el chino, el español, el francés, el inglés y el ruso serán los idiomas de la Asamblea y sus órganos subsidiarios.

Interpretación

Artículo 40

1.   Los discursos pronunciados en cualquiera de los idiomas de la Asamblea serán interpretados a los otros idiomas de la Asamblea.

2.   Cualquier representante podrá hacer uso de la palabra en un idioma distinto de los idiomas de la Asamblea. En ese caso, dicho representante se encargará de suministrar la interpretación a uno de los idiomas de la Asamblea. La interpretación hecha por los intérpretes de la Secretaría a los demás idiomas de la Asamblea podrá basarse en la interpretación hecha al primero de tales idiomas.

Idiomas de las resoluciones y demás documentos

Artículo 41

Todas las resoluciones y demás documentos se publicarán en los idiomas de la Asamblea.

IX. ACTAS

Actas y grabaciones sonoras de las sesiones

Artículo 42

1.   La Asamblea podrá levantar actas resumidas de las sesiones plenaries si así lo decide. Por regla general, estas actas se distribuirán, lo antes posible y simultáneamente en todos los idiomas de la Asamblea, a todos los representantes, quienes deberán informar a la Secretaría, dentro de los cinco días laborables siguientes a la distribución del acta resumida, de las correcciones que deseen introducir en ellas.

2.   La Secretaría hará y conservará grabaciones sonoras de las sesiones de la Asamblea y de sus órganos subsidiarios cuando así lo decida el órgano interesado.

X. SESIONES PÚBLICAS Y SESIONES PRIVADAS DE LA ASAMBLEA Y SUS ÓRGANOS SUBSIDIARIOS

Sesiones públicas y sesiones privadas

Artículo 43

1.   Las sesiones de la Asamblea serán públicas, a menos que la Asamblea decida que, por así requerirlo circunstancias excepcionales, una sesión se celebre en privado.

2.   Por regla general, los órganos subsidiarios se reunirán en sesión privada.

3.   Toda decisión tomada por la Asamblea en sesión privada será anunciada en una de sus próximas sesiones públicas. Al final de una sesión privada de un órgano subsidiario, el Presidente podrá publicar un comunicado por conducto del Secretario General.

XI. MINUTO DE SILENCIO DEDICADO A LA ORACIÓN O A LA MEDITACIÓN

Invitación a guardar un minuto de silencio dedicado a la oración o a la meditación

Artículo 44

Inmediatamente después de la apertura de la primera sesión plenaria e inmediatamente antes de la clausura de la última sesión plenaria de cada período de sesiones de la Asamblea, el Presidente invitará a los representantes a guardar un minuto de silencio dedicado a la oración o a la meditación.

XII. SESIONES PLENARIAS

DIRECCIÓN DE LOS DEBATES

Quórum

Artículo 45

El Presidente podrá declarar abierta la sesión y permitir el desarrollo del debate cuando esté presente por lo menos una mayoría de los miembros de la Asamblea.

Uso de la palabra

Artículo 46

Ningún representante podrá tomar la palabra en la Asamblea sin autorización previa del Presidente. El Presidente concederá la palabra a los oradores en el orden en que hayan manifestado su deseo de hacer uso de ella. El Presidente podrá llamar al orden a un orador cuando sus observaciones no sean pertinentes al tema que se está examinando.

Precedencia

Artículo 47

Podrá darse precedencia al Presidente de un órgano subsidiario, a fin de que explique las conclusiones a que haya llegado dicho órgano subsidiario.

Exposiciones de la Secretaría

Artículo 48

El Secretario General, o un miembro de la Secretaría designado por él como representante suyo, podrá hacer en cualquier momento exposiciones orales o escritas a la Asamblea acerca de cualquier cuestión que esté sometida a examen de la Asamblea.

Cuestiones de orden

Artículo 49

Durante el examen de cualquier asunto, todo representante de un miembro de la Asamblea podrá plantear una cuestión de orden y el Presidente decidirá inmediatamente al respecto con arreglo al presente reglamento. Todo representante de un miembro de la Asamblea podrá apelar de la decisión del Presidente. La apelación se someterá inmediatamente a votación, y la decisión del Presidente prevalecerá, a menos que la mayoría de los miembros de la Asamblea presentes y votantes la dejen sin efecto. El representante que plantee una cuestión de orden no podrá tratar el fondo de la cuestión que se esté examinando.

Limitación del tiempo de uso de la palabra

Artículo 50

La Asamblea podrá limitar la duración de las intervenciones de cada orador y el número de intervenciones de cada representante sobre un mismo asunto. Antes de que se adopte una decisión, dos representantes de miembros de la Asamblea podrán hacer uso de la palabra a favor y dos en contra de una propuesta para fijar tales límites. Cuando los debates estén limitados y un representante rebase el tiempo que se le haya asignado, el Presidente lo llamará inmediatamente al orden.

Cierre de la lista de oradores y derecho de respuesta

Artículo 51

En el curso de un debate, el Presidente podrá dar lectura a la lista de oradores y, con el consentimiento de la Asamblea, declararla cerrada. Sin embargo, el Presidente podrá conceder a un representante el derecho de respuesta si un discurso pronunciado después de cerrada la lista lo hiciere aconsejable.

Aplazamiento del debate

Artículo 52

Durante el examen de un asunto, cualquier representante de un miembro de la Asamblea podrá proponer el aplazamiento del debate sobre el tema que se está examinando. Además del autor de la moción, dos representantes de miembros de la Asamblea podrán hablar en favor de ella y dos en contra, después de lo cual la moción será sometida inmediatamente a votación. El Presidente podrá limitar la duración de las intervenciones permitidas a los oradores en virtud de este artículo.

Cierre del debate

Artículo 53

Cualquier representante de un miembro de la Asamblea podrá proponer en todo momento el cierre del debate sobre la cuestión que se esté examinando, aun cuando otro representante haya manifestado su deseo de hablar. La autorización para hacer uso de la palabra sobre el cierre del debate se concederá solamente a dos representantes de miembros de la Asamblea que se opongan a dicho cierre, después de lo cual, la moción será sometida inmediatamente a votación. Si la Asamblea aprueba la moción, el Presidente declarará cerrado el debate. El Presidente podrá limitar la duración de las intervenciones permitidas a los oradores en virtud de este artículo.

Suspensión o levantamiento de la sesión

Artículo 54

Durante el examen de un asunto, cualquier representante de un miembro de la Asamblea podrá proponer que se suspenda o que se levante la sesión. Tales mociones se someterán inmediatamente a votación sin debate. El Presidente podrá limitar la duración de la intervención del orador que proponga la suspensión o el levantamiento de la sesión.

Orden de las mociones de procedimiento

Artículo 55

A reserva de lo dispuesto en el artículo 49, las siguientes mociones tendrán precedencia, en el orden que a continuación se indica, sobre todas las demás propuestas o mociones formuladas:

(a)   Suspensión de la sesión;
(b)   Levantamiento de la sesión;
(c)   Aplazamiento del debate sobre el asunto que se esté examinando;
(d)   Cierre del debate sobre el asunto que se esté examinando.

Propuestas y enmiendas

Artículo 56

Normalmente, las propuestas y las enmiendas deberán presentarse por escrito y entregarse al Secretario General, quien distribuirá copias de ellas a las delegaciones. Como norma general, no se examinará ni someterá a votación ninguna propuesta en las sesiones de la Asamblea si no se han distribuido copias de ella a todas las delegaciones en los idiomas de la Asamblea, a más tardar en la víspera de la sesión. Sin embargo, el Presidente podrá permitir que se examinen y consideren las enmiendas o mociones de procedimiento aunque no se hayan distribuido copias previamente o aun cuando éstas se hayan distribuido el mismo día.

Decisiones sobre cuestiones de competencia

Artículo 57

A reserva de lo dispuesto en el artículo 55, toda moción que requiera una decisión sobre la competencia de la Asamblea para adoptar una propuesta que le haya sido presentada será sometida a votación antes de que se vote sobre la propuesta de que se trate.

Retiro de mociones

Artículo 58

El autor de una moción podrá retirarla en cualquier momento antes de que haya sido sometida a votación, a condición de que no haya sido objeto de una enmienda. Una moción que haya sido retirada podrá ser presentada de nuevo por cualquier miembro.

Nuevo examen de las propuestas

Artículo 59

Cuando una propuesta haya sido aprobada o rechazada, no podrá ser examinada de nuevo en el mismo período de sesiones, a menos que la Asamblea lo decida así por mayoría de dos tercios de sus miembros presentes y votantes. La autorización para hacer uso de la palabra sobre una moción de nuevo examen se concederá solamente a dos representantes de miembros de la Asamblea que se opongan a dicha moción, después de lo cual será sometida inmediatamente a votación.

XIII. ADOPCIÓN DE DECISIONES

Derecho de voto

Artículo 60

Cada miembro de la Asamblea tendrá un voto. La participación de las entidades a que se refiere el apartado f) del párrafo 1 del artículo 305 de la Convención de las Naciones Unidas sobre el Derecho del Mar en la adopción de decisiones tendrá lugar con arreglo al anexo IX de la Convención.

Adopción de decisiones

Artículo 61

1.   Como norma general, la Asamblea adoptará sus decisiones por consenso.

2.   Si todos los intentos de adoptar una decisión por consenso se hubieren agotado, las decisiones sobre cuestiones de procedimiento en la Asamblea serán adoptadas por mayoría de los Estados presentes y votantes y las decisiones sobre cuestiones de fondo serán adoptadas por mayoría de dos tercios de los Estados presentes y votantes, con arreglo a lo dispuesto en el párrafo 8 del artículo 159 de la Convención.

3.   Las decisiones de la Asamblea sobre cualquier asunto respeto del cual también tenga competencia el Consejo, o sobre cualquier asunto administrativo, presupuestario o financiero, se basarán en las recomendaciones del Consejo. Si la Asamblea no aceptare la recomendación del Consejo sobre algún asunto, lo remitirá a éste para que lo examine nuevamente. El Consejo, al proceder a ello, tendrá presentes las opiniones expresadas por la Asamblea.

4.   Las decisiones adoptadas por la Asamblea o el Consejo que tengan consecuencias financieras o presupuestarias se basarán en las recomendaciones del Comité de Finanzas.

Decisiones sobre enmiendas o propuestas relativas a cuestiones de fondo

Artículo 62

Las decisiones de la Asamblea sobre enmiendas a propuestas relativas a cuestiones de fondo y sobre las partes de tales propuestas que sean sometidas a votación separadamente se tomarán por mayoría de dos tercios de los miembros de la Asamblea presentes y votantes, siempre y cuando esa mayoría incluya una mayoría de los miembros participantes en el período de sesiones.

Términos empleados

Artículo 63

1. A los efectos de este reglamento, se entenderá que la expresión "miembros presentes y votantes" significa los miembros de la Asamblea que estén presentes y voten a favor o en contra. Los miembros de la Asamblea que se abstengan de votar serán considerados no votantes.

2. Con sujeción a lo dispuesto en los artículos 23 a 26 y sin perjuicio de las atribuciones y funciones de la Comisión de Verificación de Poderes, por la expresión "miembros de la Asamblea participantes" en relación con cualquier período de sesiones de la Asamblea, se entenderá todo miembro de la Asamblea cuyos representantes se hayan registrado en la Secretaría como participantes en el período de sesiones de que se trate y que posteriormente no haya notificado a la Secretaría que se retira de ese período de sesiones o de parte del período de sesiones. La Secretaría mantendrá un registro a tal efecto.

Aplazamiento de la votación sobre cuestiones de fondo sometidas a votación por primera vez

Artículo 64

Cuando una cuestión de fondo vaya a ser sometida a votación por primera vez, el Presidente podrá aplazar la decisión de someterla a votación por un período no superior a cinco días civiles, y deberá hacerlo cuando lo solicite al menos una quinta parte de los miembros de la Asamblea. Esta disposición solo podrá aplicarse una vez respecto de la misma cuestión y su aplicación no entrañará el aplazamiento de la cuestión hasta una fecha posterior a la de la clausura del período de sesiones.

Aplazamiento de la votación previa solicitud de opiniones consultivas

Artículo 65

Previa solicitud dirigida por escrito al Presidente y apoyada como mínimo por una cuarta parte de los miembros de la Asamblea, de que se emita una opinión consultiva acerca de la conformidad con la Convención de las Naciones Unidas sobre el Derecho del Mar de una propuesta a la Asamblea respecto de cualquier asunto, la Asamblea pedirá a la Sala de Controversias de los Fondos Marinos del

Tribunal Internacional del Derecho del Mar que emita una opinion consultiva al respecto y aplazará la votación sobre dicha propuesta hasta que reciba la opinión consultiva de la Sala. Si ésta no se recibiere antes de la última semana del período de sesiones en que se solicite, la Asamblea decidirá cuándo habrá de reunirse para proceder a la votación aplazada.

Procedimiento de votación

Artículo 66

1.   Cuando no se disponga de sistema mecánico para la votación, las votaciones de la Asamblea se harán levantando la mano, pero el representante de cualquier miembro de la Asamblea podrá pedir votación nominal. La votación nominal se efectuará siguiendo el orden alfabético inglés de los nombres de los miembros de la Asamblea que participen en ese período de sesiones, comenzando por el miembro cuyo nombre sea sacado a suerte por el Presidente. En las votaciones nominales, se anunciará el nombre de cada uno de los miembros de la Asamblea y uno de sus representantes contestará "sí", "no" o "abstención". El resultado de la votación se consignará en el acta siguiendo el orden alfabético inglés de los nombres de los miembros.

2.   Cuando la Asamblea efectúe votaciones haciendo uso del sistema mecánico, la votación no registrada sustituirá a la que se hace levantando la mano o poniéndose de pie y la votación registrada sustituirá a la votación nominal. El representante de cualquier miembro de la Asamblea podrá pedir votación registrada. En las votaciones registradas, la Asamblea prescindirá del procedimiento de anunciar los nombres de los miembros, salvo que el representante de un miembro de la Asamblea lo pida; no obstante, el resultado de la votación se consignará en el acta de la misma manera que las votaciones nominales.

Normas que deben observarse durante la votación

Artículo 67

Una vez que el Presidente haya anunciado el comienzo de la votación ningún representante de un miembro de la Asamblea podrá interrumpirla, salvo que lo hagan representantes de miembros de la Asamblea para plantear una cuestión de orden respecto de la forma en que se esté efectuando la votación.

Explicación de voto

Artículo 68

Los representantes de miembros de la Asamblea podrán, antes de que comience una votación o después de terminada, hacer breves declaraciones que consistan únicamente en una explicación de voto. El Presidente podrá limitar la duración de tales intervenciones. El representante de un miembro de la Asamblea que patrocine una propuesta o moción no hará uso de la palabra para explicar su voto sobre ella, salvo que haya sido enmendada.

División de las propuestas y enmiendas

Artículo 69

El representante de cualquier miembro de la Asamblea podrá pedir que las partes de una propuesta o de una enmienda sean sometidas a votación separadamente. Si hubiera alguna objeción a la moción de división, dicha moción será sometida a votación. La autorización para hacer uso de la palabra sobre una moción de división se concederá solamente a dos oradores que estén a favor y a dos oradores que se opongan. Si la moción de división es aceptada, las partes de la propuesta o de la enmienda que ulteriormente sean aprobadas serán sometidas a votación en conjunto. Si todas las partes diapositivas de la propuesta o de la enmienda son rechazadas, se considerará que la propuesta o la enmienda ha sido rechazada en su totalidad.

Orden de votación sobre las enmiendas

Artículo 70

Cuando se presente una enmienda a una propuesta, se votará primero sobre la enmienda. Cuando se presenten dos o más enmiendas a una propuesta, la Asamblea votará primero sobre la que se aparta más, en cuanto al fondo, de la propuesta original; votará en seguida sobre la enmienda que después de la votación anteriormente se aparte más de dicha propuesta, y así sucesivamente, hasta que se haya votado sobre todas las enmiendas. Sin embargo, cuando la aprobación de una enmienda implique necesariamente el rechazo de otra enmienda, esta última no será sometida a votación. Si se aprueban una o más de las enmiendas, se pondrá a votación la propuesta modificada. Se considerará que una moción es una enmienda a una propuesta si solamente entraña una adición, una supresión o una modificación de parte de dicha propuesta.

Orden de votación sobre las propuestas

Artículo 71

Si dos o más propuestas se refieren a la misma cuestión, la Asamblea podrá, a menos que decida lo contrario, votar sobre las propuestas en el orden en que se hubieren presentado. Después de votar sobre una propuesta, la Asamblea podrá decidir si procede o no a votar sobre la siguiente.

Elecciones

Artículo 72

Todas las elecciones se efectuarán por votación secreta.

Votación limitada para un cargo electivo

Artículo 73

1.   Cuando se trate de elegir a una sola persona o miembro de la Asamblea, si ningún candidato obtiene en la primera votación los votos de la mayoría de los

miembros de la Asamblea presentes y votantes, se procederá a una segunda votación limitada a los dos candidatos que hayan obtenido mayor número de votos. Si en la segunda votación los votos se dividen por igual, el Presidente resolverá el empate por sorteo.

2.   Si en la primera votación los votos se dividen por igual entre más de dos candidatos que hayan obtenido el mayor número de votos, se efectuará una segunda votación. Si en esta votación siguiera habiendo empate entre más de dos candidatos, el número de estos se reducirá a dos por sorteo y la votación, limitada a estos dos candidatos, se efectuará en la forma prevista en el párrafo anterior.

3.   Cuando se requiera mayoría de dos tercios, se continuará la votación hasta que uno de los candidatos obtenga dos tercios de los votos emitidos; sin embargo, después del tercer escrutinio sin resultado decisivo, se podrá votar por cualquier persona o miembro elegible. Si tres votaciones no limitadas no dan resultado decisivo, las tres votaciones siguientes se limitarán a los dos candidatos que hayan obtenido más votos en la tercera votación no limitada y las tres votaciones ulteriores serán sin limitación de candidatos, y así sucesivamente hasta que se haya elegido una persona o un miembro de la Asamblea.

4.   Las disposiciones anteriores de este artículo no impedirán la aplicación de los artículos 83, 84 y 96.

Votación limitada para dos o más cargos electivos

Artículo 74

Cuando hayan de cubrirse al mismo tiempo y en las mismas condiciones dos o más cargos electivos, se declarará elegidos a aquellos candidatos que, sin exceder el número de esos cargos, obtengan en la primera votación la mayoría requerida. Si el número de candidatos que obtengan tal mayoría es menor que el de personas o miembros de la Asamblea que han de ser elegidos, se efectuarán votaciones adicionales para cubrir los puestos restantes, limitándose la votación a los candidatos que hayan obtenido más votos en la votación anterior, de modo que el número de candidatos no sea mayor que el doble del de cargos que queden por cubrir; sin embargo, después del escrutinio sin resultado decisivo, se podrá votar por cualquier persona o miembro de la Asamblea elegible. Si tres votaciones no limitadas no dan resultado decisivo, las tres votaciones siguientes se limitarán a los candidatos que hayan obtenido mayor número de votos en la tercera votación no limitada, de modo que el número de candidatos no sea mayor que el doble del de los cargos que queden por cubrir, y las tres votaciones ulteriores serán sin limitación de candidatos, y así sucesivamente hasta que se hayan cubierto todos los puestos. Las disposiciones anteriores de este artículo no impedirán la aplicación de los artículos 83, 84 y 96.

Empate en votaciones cuyo objeto no sea una elección

Artículo 75

En caso de empate en una votación cuyo objeto no sea una elección se procederá a una segunda votación en una sesión ulterior, que deberá celebrarse dentro de las cuarenta y ocho horas siguientes a la primera votación, y se consignará expresamente en el orden del día que habrá de efectuarse una segunda votación sobre el asunto de que se trate. Si esta votación da también por resultado un empate, se tendrá por rechazada la propuesta.

XIV. ÓRGANOS SUBSIDIARIOS

Establecimiento

Artículo 76

La Asamblea podrá establecer los órganos subsidiarios que sean necesarios para el desempeño de sus funciones.

Composición

Artículo 77

En la composición de órganos subsidiarios se tendrá debidamente en cuenta el principio de la distribución geográfica equitativa y los intereses especiales y la necesidad de asegurar el concurso de miembros calificados y competentes en las diferentes cuestiones técnicas de que se ocupen esos órganos.

Declaraciones de no miembros de un órgano subsidiario

Artículo 78

Todo miembro de la Asamblea que no sea miembro de un órgano subsidiario tendrá derecho a exponer sus opiniones ante dicho órgano cuando se someta a examen una cuestión que le afecte particularmente.

Miembros de las mesas, dirección de los debates y votaciones

Artículo 79

Los artículos relativos a los miembros de la Mesa, a la dirección de los debates y a las votaciones de la Asamblea, se aplicarán, *mutatis mutandis*, a las deliberaciones de los órganos subsidiarios, excepto que el Presidente de un órgano subsidiario podrá ejercer el derecho de voto.

XV. SUSPENSIÓN DE DERECHOS

Suspensión del ejercicio del derecho de voto

Artículo 80

Todo miembro de la Asamblea que esté en mora en el pago de sus cuotas a la Autoridad no tendrá derecho de voto cuando la suma adeudada sea igual o superior al total de las cuotas exigibles por los dos años anteriores completos. Sin embargo, la Asamblea podrá permitir que ese miembro de la Asamblea vote si llega a la conclusión de que la mora se debe a circunstancias ajenas a su voluntad.

Suspensión del ejercicio de los derechos y privilegios inherentes a la calidad de miembro

Artículo 81

1. Todo miembro de la Autoridad que haya violado grave y persistentemente las disposiciones de la Parte XI de la Convención de las Naciones Unidas sobre el Derecho del Mar podrá ser suspendido por la Asamblea, a recomendación del Consejo, en el ejercicio de los derechos y privilegios inherentes a su calidad de miembro.

2. No podrá tomarse ninguna medida en virtud del párrafo 1 hasta que la Sala de Controversias de los Fondos Marinos del Tribunal Internacional del Derecho del Mar haya determinado que un miembro de la Autoridad ha violado grave y persistentemente las disposiciones de la Parte XI de la Convención.

XVI. OBSERVADORES

Artículo 82

1. Podrán participar en la Asamblea como observadores:

(a) Los Estados y las entidades mencionadas en el artículo 305 de la Convención de las Naciones Unidas sobre el Derecho del Mar que no sean miembros de la Autoridad;

(b) Los movimientos de liberación nacional reconocidos por la Organización de la Unidad Africana o por la Liga de los Estados Árabes en sus respectivas regiones;

(c) Los observadores ante la Tercera Conferencia de las Naciones Unidas sobre el Derecho del Mar que hayan firmado el Acta Final y no estén mencionados en los apartados c), d), e) y f) del párrafo 1 del artículo 305 de la Convención de las Naciones Unidas sobre el Derecho del Mar;

(d) Las Naciones Unidas, sus organismos especializados, el organism Internacional de Energía Atómica y otras organizaciones intergubernamentales invitadas por la Asamblea;

(e) Las organizaciones no gubernamentales con las que el Secretario General haya concertado arreglos de conformidad con el párrafo 1 del artículo 169 de la Convención de las Naciones Unidas sobre el Derecho del Mar y otras organizaciones no gubernamentales invitadas por la Asamblea que hayan demostrado su interés por las cuestiones sometidas a la consideración de la Asamblea.

2. Los observadores mencionados en los apartados a), b) y c) del párrafo 1 del presente artículo podrán participar, con sujeción a las disposiciones de este reglamento, en las deliberaciones de la Asamblea y de sus órganos subsidiarios, pero no tendrán derecho a participar en la adopción de decisiones.

3. Los observadores mencionados en el apartado d) del párrafo 1 del presente artículo podrán participar en las deliberaciones de la Asamblea, por invitación del Presidente, en relación con cuestiones incluidas en el ámbito de su competencia.

4. Las declaraciones escritas presentadas por los observadores mencionados en el apartado d) del párrafo 1 del presente artículo serán distribuidas por la secretaría a los miembros de la Asamblea.

5. Los observadores mencionados en el apartado e) del párrafo 1 del presente artículo podrán asistir a las sesiones públicas de la Asamblea y, por invitación del Presidente y con la aprobación de la Asamblea, formular declaraciones orales sobre cuestiones incluidas en el ámbito de sus actividades.

6. Las declaraciones escritas presentadas por los observadores mencionados en el apartado e) del párrafo 1 del presente artículo que estén incluidas en el ámbito de su competencia y que sean pertinentes para la labor de la Asamblea serán distribuidas por la secretaría en las cantidades y los idiomas en que se hayan presentado.

XVII. ELECCIONES PARA LOS ÓRGANOS

MIEMBROS DEL CONSEJO

Propuestas de candidatos

Artículo 83

1. Antes de elegir a los miembros del Consejo, la Asamblea preparará listas de países que reúnan las condiciones necesarias para formar parte de los grupos de Estados a que se refieren los párrafos a) a d) del artículo 84. Si un Estado reúne las condiciones necesarias para formar parte de más de un grupo, será incluido en las listas de todos los grupos pertinentes, pero sólo podrá ser propuesto por uno de ellos como candidato a miembro del Consejo y representará únicamente a ese grupo en la votación en el Consejo.

2. Cada uno de los grupos de Estados a que se refieren los párrafos a) a d) del artículo 84 estará representado en el Consejo por los miembros designados por él. Cada grupo designará únicamente tantos candidatos como número de puestos deba ocupar. Cuando el número de posibles candidatos de cada uno de los grupos indicados en los párrafos a) a e) del artículo 84 sea superior al número de puestos disponibles en cada uno de los grupos respectivos, por regla general se aplicará el principio de rotación. Los Estados miembros de cada uno de los grupos determinarán la forma en que se aplicará este principio a esos grupos.

Elecciones

Artículo 84

El Consejo estará integrado por 36 miembros de la Autoridad elegidos por la Asamblea en el orden siguiente:

(a) Cuatro miembros escogidos entre los Estados Partes que, durante los últimos cinco años respecto de los cuales se disponga de estadísticas hayan absorbido más del 2% del valor del consumo mundial total o hayan efectuado inversiones netas de más del 2% del valor de las importaciones mundiales totales de los productos básicos obtenidos a partir de las categorías de minerales que hayan de extraerse de la Zona, a condición de que entre esos cuatro miembros se incluya al Estado de la región de Europa oriental cuyo product interno bruto sea el más importante de la región y al Estado que, a la fecha de la entrada en vigor de la Convención, tenga el product interno bruto más importante, si esos Estados desean estar representados en este grupo;

(b) Cuatro miembros escogidos entre los ocho Estados Partes que, directamente o por medio de sus nacionales, hayan hecho las mayors inversiones en la preparación y realización de actividades en la Zona;

(c) Cuatro miembros escogidos entre los Estados Partes que, sobre la base de la producción de las áreas que se encuentran bajo su jurisdicción, sean grandes exportadores netos de las categorías de minerales que han de extraerse de la Zona, incluidos por lo menos dos Estados en desarrollo cuyas exportaciones de esos minerales tengan importancia considerable para su economía;

(d) Seis miembros, escogidos entre los Estados Partes en desarrollo, que representen intereses especiales. Los intereses especiales que han de estar representados incluirán los de los Estados con gran población, los Estados sin litoral o en situación geográfica desventajosa, los Estados insulares, los Estados que sean grandes importadores de las categorías de minerales que han de extraerse de la Zona, los Estados que sean productores potenciales de tales minerales y los Estados en desarrollo menos adelantados;

(e) Dieciocho miembros escogidos de conformidad con el principio de una distribución geográfica equitativa de los puestos del Consejo en su totalidad, a condición de que cada región geográfica cuente por lo menos con un miembro elegido en virtud de este apartado. A tal efecto se considerarán regiones geográficas África, América Latina y el Caribe, Asia, Europa occidental y otros Estados y Europa oriental.

Mandato

Artículo 85

El mandato de cada miembro del Consejo durará cuatro años. No obstante, en la primera elección el mandato de la mitad de los miembros de cada uno de los grupos previstos en el artículo 84 durará dos años. Por regla general, la determinación de los miembros cuyo mandato ha de expirar al final de dos años se efectuará por acuerdo de cada grupo. En caso de no llegarse a un acuerdo, los miembros cuyo mandato haya de expirar al cumplirse los dos años serán designados por sorteo que efectuará el Presidente de la Asamblea inmediatamente después de la primera elección.

Elegibilidad para la reelección

Artículo 86

Los miembros del Consejo podrán ser reelegidos, pero habrá de tenerse presente la conveniencia de la rotación en la composición del Consejo. Los miembros del Consejo que fueron elegidos a propuesta de uno de los grupos mencionados en los párrafos a) a d) del artículo 84 pero que satisfagan los criterios para la pertenencia a otros grupos podrán ser reelegidos al Consejo a propuesta de uno de esos grupos.

Elecciones parciales

Artículo 87

Si un miembro deja de pertenecer al Consejo antes de la expiración de su mandato, se celebrará una elección parcial por separado en el siguiente período de sesiones de la Asamblea, a fin de elegir un miembro por el tiempo que quede hasta la expiración del mandato.

EL SECRETARIO GENERAL DE LA AUTORIDAD

Elección del Secretario General

Artículo 88

El Secretario General será elegido por la Asamblea para un mandato de cuatro años entre los candidatos propuestos por el Consejo y podrá ser reelegido.

LA EMPRESA[2]

Elecciones

Artículo 89

1.   La Asamblea elegirá, por recomendación del Consejo, a los quince miembros de la Junta Directiva de la Empresa.

2.   En la elección de los miembros de la Junta se tendrá debidamente en cuenta el principio de la distribución geográfica equitativa. Al presenter candidaturas para la Junta, los miembros de la Autoridad tendrán presente la necesidad de que los candidatos que propongan ofrezcan el máximo nivel de competencia y las calificaciones necesarias en las esferas pertinentes, a fin de asegurar la viabilidad y el éxito de la Empresa.

Mandato

Artículo 90

1.   Los miembros de la Junta serán elegidos por cuatro años y podrán ser reelegidos. En su elección y reelección se tendrá debidamente en cuenta el principio de la rotación.

---

[2] De conformidad con el Acuerdo relativo a la aplicación de la Parte XI de la Convención de las Naciones Unidas sobre el Derecho del Mar, la secretaría de la Autoridad desempeñará las funciones de la Empresa hasta que ésta comience a operar independientemente de la secretaría. Tras la aprobación de un plan de trabajo para una explotación efectuada por una entidad distinta de la Empresa, o tras la recepción por el Consejo de una solicitud para una operación conjunta con la Empresa, el Consejo examinará la cuestión del funcionamiento de la Empresa de modo independiente de la Secretaría de la Autoridad. Si las operaciones conjuntas con la Empresa se ajustan a principios comerciales racionales, el Consejo formulará una directriz de conformidad con el párrafo 2 del artículo 170 de la Convención en que autorizará el funcionamiento independiente mencionado.

2.   Los miembros de la Junta desempeñarán sus cargos hasta que sean elegidos sus sucesores.

Elecciones parciales

Artículo 91

Si el cargo de un miembro de la Junta queda vacante, la Asamblea elegirá, de conformidad con el artículo 89, un nuevo miembro para el resto del mandato de su predecesor.

El Director General de la Empresa

Artículo 92

La Asamblea elegirá por recomendación del Consejo, previa propuesta de la Junta Directiva, un Director General que no será miembro de la Junta. El Director General desempeñará su cargo por un período determinado, que no excederá de cinco años, y podrá ser reelegido por nuevos períodos.

XVIII. CUESTIONES ADMINISTRATIVAS Y DE PRESUPUESTO

Proyecto de presupuesto anual

Artículo 93

La Asamblea examinará y aprobará el proyecto de presupuesto anual de la Autoridad presentado por el Consejo teniendo en cuenta las recomendaciones del Comité de Finanzas.

Consecuencias financieras de las resoluciones

Artículo 94

No se recomendarán a la Asamblea, para su aprobación, resoluciones que impliquen gastos sin que vayan acompañadas de un presupuesto de gastos preparado por el Secretario General y de las recomendaciones que formule el Comité de Finanzas.

Cuotas

Artículo 95[3]

La Asamblea determinará las cuotas de los miembros de la Autoridad en el presupuesto administrativo de la Autoridad con arreglo a una escala convenida,

---

[3] De conformidad con el Acuerdo relativo a la aplicación de la Parte XI de la Convención de las Naciones Unidas sobre el Derecho del Mar, los gastos administrativos de la Autoridad se sufragarán con cargo al presupuesto de las Naciones Unidas hasta el fin del año siguiente al año durante el cual entre en vigor dicho Acuerdo.

basada en la que se utiliza para el presupuesto ordinario de las Naciones Unidas, hasta que la Autoridad tenga suficientes ingresos de otras Fuentes para sufragar sus gastos administrativos.

XIX. COMITÉ DE FINANZAS

Comité de Finanzas

Artículo 96

1.　La Asamblea elegirá 15 miembros del Comité de Finanzas entre los candidatos propuestos por los Estados Partes, teniendo debidamente en cuenta la necesidad de una distribución geográfica equitativa y la representación de intereses especiales. Los miembros del Comité de Finanzas tendrán las calificaciones necesarias en relación con cuestiones financieras.

2.　Los candidatos a integrar el Comité de Finanzas serán propuestos por los Estados Partes y tendrán el más alto grado de competencia e integridad.

3.　No podrán ser miembros del Comité de Finanzas dos personas que sean nacionales del mismo Estado Parte.

4.　Cada uno de los grupos de Estados a que se hace referencia en los párrafos a) a d) del artículo 84 estará representado en el Comité por un miembro por lo menos. Hasta que la Autoridad tenga fondos suficientes, además de las cuotas, para sufragar sus gastos administrativos, los miembros del Comité incluirán representantes de los cinco mayores contribuyentes financieros al presupuesto administrativo de la Autoridad. De allí en adelante, la elección de un miembro de cada grupo se hará sobre la base de los candidatos propuestos por los miembros del grupo respectivo, sin perjuicio de la posibilidad de que se elija a otros miembros de cada grupo.

5.　Los miembros del Comité de Finanzas desempeñarán su cargo durante cinco años y podrán ser reelegidos por un nuevo período.

6.　En caso de fallecimiento, incapacidad o renuncia de un miembro del Comité de Finanzas antes de que expire su mandato, la Asamblea elegirá una persona de la misma región geográfica o del mismo grupo de Estados para que ejerza el cargo durante el resto del mandato.

XX. ENMIENDAS

Procedimiento de enmienda

Artículo 97

El presente reglamento podrá ser enmendado por decisión de la Asamblea adoptada por mayoría simple de los miembros de la Asamblea presentes y votantes después de que una comisión haya examinado la enmienda propuesta.

COMENTARIO

De conformidad con el mandato que se le confiere en virtud de la Resolución I aneja al Acta Final de la Tercera Conferencia de las Naciones Unidas sobre el Derecho del Mar, la Comisión Preparatoria de la Autoridad Internacional de los Fondos Marinos y del Tribunal Internacional del Derecho del Mar había recomendado a la Asamblea para su examen un proyecto de reglamento (LOS/PCN/WP.20/Rev.3). El proyecto había sido elaborado por la Comisión Preparatoria en varios períodos de sesiones.

Durante la segunda parte de su primer período de sesiones, en marzo de 1995, la Asamblea de la Autoridad estableció un grupo de trabajo compuesto de 10 miembros (dos de cada grupo regional) para examinar el proyecto de reglamento. El grupo de trabajo estuvo compuesto por los siguientes países: Alemania, Brasil, Egipto, Indonesia, Jamaica, Polonia, República de Corea, Federación de Rusia, Senegal y Reino Unido. Los Estados Unidos participaron en la labor del grupo en calidad de observadores. El Sr. Abdoulmagd (Egipto) fue elegido presidente del grupo de trabajo.

A la luz de la aprobación por la Asamblea General de las Naciones Unidas el 28 de julio de 1994 del Acuerdo relativo a la aplicación de la Parte XI de la Convención de las Naciones Unidas sobre el Derecho del Mar (resolución 48/263 de la Asamblea General), la Secretaría había preparado el documento ISBA/A/WP.1 en el que se formulaban sugerencias para revisar el proyecto de reglamento de la Asamblea elaborado por la Comisión Preparatoria, teniendo en cuenta las disposiciones del Acuerdo. A petición de la Asamblea, la Secretaría prepare entonces un documento de trabajo que fusionaba ambos documentos. El nuevo documento (ISBA/A/WP.2) fue seguidamente examinado por el grupo de trabajo. Tras sus deliberaciones, el grupo de trabajo presentó una versión revisada del proyecto de reglamento a la Asamblea con la signatura ISBA/A/WP.3.

El proyecto de reglamento fue presentado en la Asamblea en su 14ª sesión celebrada el 16 de marzo de 1995. Tras un debate, durante el cual Nueva Zelandia presentó una propuesta que contenía algunas modificaciones (ISBA/A/WP.4), la Asamblea aprobó el reglamento en su 15ª sesión plenaria celebrada el 17 de marzo de 1995 (ISBA/A/L.2).

FUENTES DOCUMENTALES

- COMISIÓN PREPARATORIA

LOS/PCN/WP.20/Rev.3, Proyecto definitivo de reglamento de la Asamblea de la Autoridad Internacional de los Fondos Marinos, reproducido en: LOS/PCN/153, Informe de la Comisión Preparatoria, de conformidad con el párrafo 11 de la resolución I de la Tercera Conferencia de las Naciones Unidas sobre el Derecho del Mar, sobre todas las cuestiones comprendidas en su mandato, con excepción de lo dispuesto en el párrafo 10, para presentarlo a la Asamblea de la Autoridad Internacional de los Fondos Marinos en su primer período de sesiones[1], Vol. V, p. 3-32.

- AIFM

ISBA/A/2, Proyecto de reglamento de la Asamblea de la Autoridad Internacional de los Fondos Marinos.

ISBA/A/6, Reglamento de la Asamblea de la Autoridad Internacional de los Fondos Marinos.

ISBA/A/L.1/Rev.1, Declaración del Presidente de la Asamblea sobre la labor realizada por la Asamblea durante la segunda parte del primer período de sesiones, párras. 4-5, (*Selección de Decisiones 1/2/3*, 4).

ISBA/A/L.2, Reglamento de la Asamblea. Finalización del mandato de los miembros del Consejo, (*Selección de Decisiones*, 1/2/3, 3).

ISBA/A/WP.1, Revisiones del proyecto de reglamento de la Asamblea de la Autoridad Internacional de los Fondos Marinos sugeridas por la Secretaría.

ISBA/A/WP.2, Proyecto de reglamento de la Asamblea.

ISBA/A/WP.3, Reglamento de la Asamblea.

ISBA/A/WP.4, Reglamento de la Asamblea (Propuestas presentas por la delegación de Nueva Zelandia).

---

[1] El informe final de la Comisión Preparatoria sobre los asuntos relacionados con la Autoridad Internacional de los Fondos Marinos y la Resolución II se distribuyó con la signatura LOS/PCN/153 en 13 volúmenes. El informe se cita como LOS/PCN/153, Vol...., p...

REGLAMENTO RELATIVO AL CONSEJO

REGLAMENTO DEL CONSEJO DE LA AUTORIDAD INTERNACIONAL DE LOS FONDOS MARINOS

Índice

NOTA INTRODUCTORIA

El 28 de julio de 1994, la Asamblea General de las Naciones Unidas aprobó el Acuerdo relativo a la aplicación de la Parte XI de la Convención de las Naciones Unidas sobre el Derecho del Mar, de 10 de diciembre de 1982; el Acuerdo se ha aplicado provisionalmente desde el 16 de noviembre de 1994 y entró en vigor el 28 de julio de 1996.

De conformidad con el Acuerdo, sus disposiciones y las de la Parte XI de la Convención deberán interpretarse y aplicarse juntamente como un solo instrumento; el presente reglamento y las referencias a la Convención que en él figuran deberán interpretarse y aplicarse en la forma correspondiente.

I. PERÍODOS DE SESIONES

PERÍODOS ORDINARIOS DE SESIONES

Frecuencia de los períodos de sesiones

Artículo 1

El Consejo se reunirá en períodos ordinarios anuales de sesiones a menos que decida otra cosa.

Fecha y duración

Artículo 2

El Consejo fijará antes de que termine cada período de sesiones la fecha de comienzo y la duración aproximada del período de sesiones siguiente.

Notificación de los miembros

Artículo 3

El Secretario General notificará la apertura de un período ordinario de sesiones a los miembros del Consejo a la mayor brevedad posible, pero con 30 días de antelación como mínimo. En la misma fecha notificará a los demás miembros de la Autoridad.

Cambio de fecha de un período ordinario de sesiones

Artículo 4

1.   Cualquier miembro del Consejo o el Secretario General podrá pedir que se cambie la fecha de un período ordinario de sesiones.

2.   Las solicitudes de los miembros del Consejo serán presentadas al Secretario General por lo menos 45 días antes de la fecha fijada inicialmente y 30 días antes de la nueva fecha propuesta. El Secretario General comunicará inmediatamente la solicitud a los miembros del Consejo, junto con todas las observaciones del caso, incluida una exposición de las consecuencias financieras, de haberlas.

3.   Las solicitudes del Secretario General estarán sujetas a las mismas condiciones.

4.   Si dentro de los 15 días siguientes a la fecha de la solicitud la mayoría de los miembros manifiesta su consentimiento, el Secretario General convocará el período de sesiones del Consejo en la fecha indicada en la solicitud.

PERÍODOS EXTRAORDINARIOS DE SESIONES

Convocación de períodos extraordinarios de sesiones

Artículo 5

Cuando un asunto urgente de la Autoridad así lo requiera, el Consejo celebrará períodos extraordinarios de sesiones a solicitud de:

(a)   La Asamblea;

(b)   El Consejo;

(c)   Cualquier miembro del Consejo, con el apoyo de una mayoría de sus miembros;

(d)   El Presidente del Consejo, en consulta con los Vicepresidentes del Consejo;

(e)   El Secretario General, en consulta con el Presidente del Consejo.

Notificación de los miembros

Artículo 6

El Secretario General notificará a los miembros del Consejo la celebración de un período extraordinario de sesiones a la brevedad posible, pero como mínimo 21 días antes de la apertura del período de sesiones. En la misma fecha notificará a los demás miembros de la Autoridad. Cuando se convoque a un período extraordinario de sesiones para considerar un caso de urgencia con arreglo a lo dispuesto en el apartado w) del párrafo 2 del artículo 162 de la Convención de las Naciones Unidas sobre el Derecho del Mar, se enviará esa notificación lo antes posible.

PERÍODOS ORDINARIOS Y EXTRAORDINARIOS DE SESIONES

Lugar

Artículo 7

El Consejo se reunirá en la sede de la Autoridad.

Notificación de observadores

Artículo 8

Dentro de los plazos previstos en los artículos 3 y 6 se enviarán copias de la notificación por la que se convoque cada período de sesiones del Consejo a los observadores a que se hace referencia en el artículo 82 del reglamento de la Asamblea.

Suspensión temporal de un período de sesiones

Artículo 9

El Consejo podrá decidir que un período de sesiones se suspenda temporalmente y se reanude en una fecha posterior.

II. PROGRAMA

PERÍODOS ORDINARIOS DE SESIONES

Preparación del programa provisional

Artículo 10

El programa provisional de un período ordinario de sesiones incluirá:
(a)   Temas propuestos por la Asamblea;

(b) Informes de la Empresa[1], informes y propuestas de la Comisión de Planificación Económica[2], recomendaciones de la Comisión Jurídica y Técnica e informes de la Comisión de Finanzas;

(c) Temas propuestos por el Consejo;

(d) Temas propuestos por un miembro del Consejo;

(e) Temas propuestos por el Secretario General.

Comunicación del programa provisional

Artículo 11

El programa provisional de un período ordinario de sesiones será preparado por el Secretario General y comunicado a los miembros del Consejo y a los miembros y observadores de la Autoridad lo antes posible, pero por lo menos con 30 días antes de la apertura del período de sesiones. Las modificaciones o adiciones posteriores al programa provisional serán notificadas a los miembros y observadores de la Autoridad por lo menos 10 días antes del período de sesiones.

PERÍODOS EXTRAORDINARIOS DE SESIONES

Preparación del programa provisional

Artículo 12

El programa provisional de un período extraordinario de sesiones constará únicamente de los temas cuyo examen se proponga en la solicitud de celebración del período de sesiones.

Comunicación del programa provisional

Artículo 13

El programa provisional de un período extraordinario de sesiones sera comunicado a los miembros del Consejo lo antes posible, pero por lo menos 21 días antes del período

---

[1] De conformidad con el Acuerdo relativo a la aplicación de la Parte XI de la Convención de las Naciones Unidas sobre el Derecho del Mar, de 10 de diciembre de 1982, la secretaría de la Autoridad desempeñará las funciones de la Empresa hasta que ésta comience a operar independientemente de la secretaría. Tras la aprobación de un plan de trabajo para una explotación efectuada por una entidad distinta de la Empresa, o tras la recepción por el Consejo de una solicitud para una operación conjunta con la Empresa, el Consejo examinará la cuestión del funcionamiento de la Empresa de modo independiente de la secretaría de la Autoridad. Si las operaciones conjuntas con la Empresa se ajustan a principios comerciales racionales, el Consejo formulará una directriz de conformidad con el párrafo 2 del artículo 170 de la Convención en que autorizará el funcionamiento independiente mencionado.

[2] De conformidad con el Acuerdo relativo a la aplicación de la Parte XI de la Convención de las Naciones Unidas sobre el Derecho del Mar, de 10 de diciembre de 1982, las funciones de la Comisión de Planificación Económica serán desempañadas por la Comisión Jurídica y Técnica hasta el momento en que el Consejo decida otra cosa o hasta que se apruebe el primer plan de trabajo para explotación.

de sesiones. El programa será comunicado a los demás miembros de la Autoridad y a los observadores en la misma fecha. Cuando se convoque un período extraordinario de sesiones para considerar un caso de urgencia con arreglo a lo dispuesto en el apartado w) del párrafo 2 del artículo 162 de la Convención de las Naciones Unidas sobre el Derecho del Mar, se enviará esa notificación lo antes posible.

PERÍODOS ORDINARIOS Y EXTRAORDINARIOS DE SESIONES

Aprobación del programa

Artículo 14

Al comienzo de cada período de sesiones el Consejo aprobará su programa sobre la base del programa provisional. Sin embargo, en circunstancias urgentes, el Consejo podrá introducir adiciones en el programa en cualquier momento del período de sesiones.

Asignación de temas

Artículo 15

El Consejo podrá asignarse temas para examinarlos o asignarlos para su examen a cualquiera de sus órganos o de sus órganos subsidiarios y podrá, sin debate previo, remitir temas a:

    (a)   Uno o más de sus órganos o de sus órganos subsidiarios para que los examinen y presenten informes en un período de sesiones ulterior del Consejo;

    (b)   El Secretario General para que los estudie y presente un informe en un período de sesiones ulterior del Consejo; o

    (c)   Quien haya propuesto el tema, para que presente más información o documentación.

III. REPRESENTACIÓN Y VERIFICACIÓN DE PODERES

Composición de las delegaciones

Artículo 16

Cada miembro del Consejo estará representado en las sesiones por un representante acreditado, quien podrá ser acompañado de los representantes suplentes y consejeros que la delegación requiera.

Presentación de credenciales

Artículo 17

Las credenciales de los representantes y los nombres de los representantes suplentes y los consejeros serán comunicados al Secretario General a más tardar 24 horas después de que ocupen su lugar en el Consejo. Las credenciales serán expedidas por el Jefe de Estado o de Gobierno, por el Ministro de Relaciones

Exteriores o por la persona por él autorizada o, en el caso de las entidades mencionadas en el apartado f) del párrafo 1 del artículo 305 de la Convención de las Naciones Unidas sobre el Derecho del Mar, por otra autoridad competente.

Presentación de credenciales por miembros de la Autoridad no representados en el Consejo

Artículo 18

Los miembros de la Autoridad que no estén representados en el Consejo y asistan a una sesión de éste de conformidad con el artículo 74 presentarán credenciales para el representante que hayan designado a esos efectos. Las credenciales de esos representantes serán comunicadas al Secretario General por lo menos con 24 horas antes de la primera sesión a que asistan.

Examen de las credenciales

Artículo 19

Las credenciales de los representantes en el Consejo y las de los representantes nombrados de conformidad con el artículo 18 serán examinadas por el Secretario General, quien presentará un informe al Consejo para su aprobación.

Aceptación provisional

Artículo 20

Mientras no hayan sido aprobadas de conformidad con el artículo 19 las credenciales de un representante en el Consejo, éste tomará asiento en él a título provisional con los mismos derechos que los demás representantes.

Impugnación de credenciales

Artículo 21

Los representantes cuyas credenciales hayan sido impugnadas en el Consejo seguirán tomando asiento en él con los mismos derechos que los demás representantes hasta que el Consejo adopte una decisión al respecto.

IV. MESA

Elecciones

Artículo 22

1.   Cada año, en el primer período ordinario de sesiones, el Consejo elegirá entre sus miembros un Presidente y cuatro Vicepresidentes de manera que cada grupo regional quede representado por un miembro de la Mesa.

2.   En la elección del Presidente se observará el principio de la rotación entre grupos regionales y se hará todo lo posible para que no haya votación.

3.   Los Vicepresidentes podrán ser reelegidos.

Mandato

Artículo 23

Con sujeción a lo dispuesto en el artículo 26, el Presidente y los Vicepresidentes ocuparán su cargo hasta que sean elegidos sus sucesores.

Presidente interino

Artículo 24

1. El Presidente, si tuviere que ausentarse durante una sesión o parte de ella, designará a uno de los Vicepresidentes para que lo sustituya.
2. El Presidente, si cesare en su cargo de conformidad con el artículo 26, uno de los Vicepresidentes lo sustituirá hasta que se elija un nuevo Presidente.

Atribuciones del Presidente interino

Artículo 25

El Vicepresidente que actúe como Presidente tendrá las mismas atribuciones y obligaciones que éste.

Sustitución del Presidente o del Vicepresidente

Artículo 26

El Presidente o el Vicepresidente, si se viere imposibilitado de ejercer sus funciones o dejare de ser representante de un miembro del Consejo, o si el miembro de que es representante dejare de ser miembro del Consejo, cesará en el cargo y se elegirá para el resto del mandato un nuevo Presidente o Vicepresidente.

Atribuciones generales del Presidente

Artículo 27

El Presidente, además de ejercer las atribuciones que le confieren el presente reglamento y la Convención de las Naciones Unidas sobre el Derecho del Mar, abrirá y levantará cada una de las sesiones del Consejo, dirigirá los debates, velará por la aplicación del presente reglamento, concederá la palabra, someterá a decisión los asuntos y proclamará las decisiones. Dirimirá las cuestiones de orden y, con sujeción al presente reglamento, tendrá plena autoridad para dirigir las deliberaciones del Consejo y para mantener el orden en las sesiones. El Presidente podrá, en el curso del debate sobre un tema, proponer al Consejo que se limite la duración de las intervenciones o el número de intervenciones de cada representante sobre un asunto, se cierren la lista de oradores o el debate y se suspenda o levante la sesión o se aplace el debate sobre el asunto que se esté examinando.

Funciones del Presidente

Artículo 28

1. El Presidente dirigirá las sesiones del Consejo y lo representará en su carácter de órgano ejecutivo de la Autoridad.

2.   El Presidente, en el ejercicio de sus funciones, quedará supeditado a la autoridad del Consejo.

Voto del Presidente y el Presidente interino

Artículo 29

El Presidente, o el Vicepresidente que actúe como Presidente, no podrá votar pero podrá designar a otro miembro de su delegación para que vote en su lugar.

V. SECRETARÍA

Funciones del Secretario General

Artículo 30

1.   El Secretario General, en su calidad de más alto funcionario administrative de la Autoridad, actuará como tal en todas las sesiones del Consejo y de sus órganos y órganos subsidiarios. Podrá designar a un funcionario de la Secretaría para que actúe como representante suyo. El Secretario General desempeñará las demás funciones que le son asignadas en la Parte XI de la Convención de las Naciones Unidas sobre el Derecho del Mar.

2.   El Secretario General, teniendo debidamente en cuenta los principios de economía y eficiencia, proporcionará y dirigirá el personal necesario para el Consejo, sus órganos y sus órganos subsidiarios.

3.   El Secretario General mantendrá informados a los miembros del Consejo de las cuestiones que revistan interés para éste.

Presentación del presupuesto anual

Artículo 31

El Secretario General preparará el proyecto de presupuesto anual de la Autoridad y lo presentará, junto con las recomendaciones del Comité de Finanzas, al Consejo. Éste lo examinará teniendo en cuenta las recomendaciones del Comité de Finanzas y lo presentará, con sus propias recomendaciones, a la Asamblea.

Funciones de la Secretaría

Artículo 32

1.   La Secretaría recibirá, traducirá, reproducirá y distribuirá a los miembros de la Autoridad y los observadores los documentos del Consejo y sus órganos, interpretará los discursos pronunciados en las sesiones, preparará y distribuirá, si así lo decide el Consejo con arreglo al artículo 37, las actas del período de sesiones, custodiará y conservará los documentos en los archivos del Consejo y, en general, realizará las demás tareas que el Consejo le encomiende.

2.   El Secretario General podrá distribuir a los miembros de la Autoridad los informes escritos presentados por las organizaciones no gubernamentales a que se

hace referencia en el párrafo 1 del artículo 169 de la Convención de las Naciones Unidas sobre el Derecho del Mar. Los informes presentados por organizaciones no gubernamentales dentro del ámbito de su competencia y que sean pertinentes para la labor del Consejo serán distribuidos por la Secretaría en el número y los idiomas en que hayan sido presentados.

Estimaciones de gastos

Artículo 33

1.	Antes de que el Consejo apruebe una propuesta que entrañe gastos con cargo a los fondos de la Autoridad, el Secretario General preparará, a la mayor brevedad posible, un informe sobre los gastos estimados y sobre las consecuencias administrativas y presupuestarias, con indicación de las autorizaciones financieras y las consignaciones presupuestarias existentes, y lo presentará al Comité de Finanzas. Una vez examinado por el Comité de Finanzas, el informe será distribuido a todos los miembros del Consejo, junto con las recomendaciones correspondientes del Comité de Finanzas.

2.	El Consejo, antes de aprobar una propuesta que entrañe gastos con cargo a los fondos de la Autoridad, tendrá en cuenta las estimaciones y recomendaciones mencionadas en el párrafo 1. Si la propuesta es aprobada, el Consejo indicará, cuando proceda, la prioridad o urgencia que le asigna.

3.	De conformidad con los procedimientos estipulados en relación con el funcionamiento del fondo para imprevistos que se establezca, el Consejo podría recomendar el retiro de fondos para atender las necesidades en casos de urgencia imprevista que se presenten antes del siguiente período ordinario de sesiones de la Asamblea.

VI. IDIOMAS

Idiomas

Artículo 34

El árabe, el chino, el español, el francés, el inglés y el ruso serán los idiomas oficiales del Consejo.

Interpretación

Artículo 35

1.	Los discursos pronunciados en cualesquiera de los idiomas del Consejo serán interpretados a los demás idiomas.

2.	Cualquier representante podrá hacer uso de la palabra en un idioma distinto de los del Consejo. En este caso, dicho representante se encargará de suministrar la interpretación a uno de los idiomas del Consejo. La interpretación hecha por los intérpretes de la Secretaría a los demás idiomas del Consejo podrá basarse en la interpretación hecha al primero de tales idiomas.

Idiomas de las resoluciones y los documentos

Artículo 36

Las resoluciones y los demás documentos serán publicados en los idiomas del Consejo.

VII. ACTAS

Actas y grabaciones sonoras de las sesiones

Artículo 37

1.   El Consejo podrá decidir que se levanten actas resumidas de las sesiones plenarias; en todo caso, todas las decisiones adoptadas por el Consejo y todas las declaraciones formuladas para que consten en acta se incluirán debidamente en los documentos publicados del Consejo. Por regla general, estas actas serán distribuidas, lo antes posible y simultáneamente en todos los idiomas del Consejo, a todos los representantes, quienes deberán informar a la Secretaría, dentro de los cinco días hábiles siguientes a la distribución del acta resumida, de las correcciones que deseen introducir en ella.

2.   La Secretaría hará y conservará grabaciones sonoras de las sesiones del Consejo y sus órganos subsidiarios cuando así lo decida el órgano de que se trate. La Secretaría adoptará las medidas necesarias para que los miembros de la Autoridad que lo soliciten puedan tener acceso a las grabaciones sonoras de las sesiones públicas.

Comunicación de decisiones

Artículo 38

Las decisiones adoptadas por el Consejo serán comunicadas por el Secretario General a los miembros de la Autoridad dentro de los 15 días siguientes a la finalización del período de sesiones.

VIII. SESIONES PÚBLICAS Y SESIONES PRIVADAS DEL CONSEJO Y SUS ÓRGANOS SUBSIDIARIOS

Sesiones públicas y privadas

Artículo 39

1.   Las sesiones del Consejo serán públicas, a menos que se decida otra cosa.

2.   Por regla general, los órganos subsidiarios se reunirán en sesión privada.

3.   Las decisiones adoptadas por el Consejo en sesión privada serán anunciadas a la brevedad posible en sesión pública. Al final de una session privada de un órgano subsidiario, el Presidente podrá publicar un comunicado por conducto del Secretario General.

IX. DIRECCIÓN DE LOS DEBATES

Quórum

Artículo 40

La mayoría de los miembros del Consejo constituirá quórum.

Uso de la palabra

Artículo 41

Ningún representante podrá hacer uso de la palabra en el Consejo sin autorización previa del Presidente. El Presidente concederá la palabra a los oradores en el orden en que hayan manifestado su deseo de hacer uso de ella. El Presidente podrá llamar al orden a un orador cuando sus observaciones no sean pertinentes al tema que se esté examinando.

Precedencia

Artículo 42

Podrá darse precedencia al Presidente de un órgano del Consejo, o de un órgano subsidiario del Consejo, a fin de que exponga las conclusiones a que haya llegado dicho órgano.

Exposiciones de la Secretaría

Artículo 43

El Secretario General, o un funcionario de la Secretaría designado por él como representante suyo, podrá hacer en cualquier momento exposiciones orales o escritas al Consejo acerca de cualquier cuestión que esté examinando.

Cuestiones de orden

Artículo 44

Durante el examen de un asunto, cualquier representante de un miembro del Consejo podrá plantear una cuestión de orden y el Presidente la dirimirá de inmediato con arreglo al presente reglamento. Cualquier representante de un miembro del Consejo podrá apelar la decisión del Presidente. La apelación sera sometida inmediatamente a votación y la decisión del Presidente prevalecerá a menos que la apelación sea aprobada por la mayoría de los miembros del Consejo presentes y votantes. El representante que plantee una cuestión de orden no podrá referirse al fondo de la cuestión que se esté examinando.

Duración de las intervenciones

Artículo 45

El Consejo podrá limitar la duración de las intervenciones de cada orador y el número de intervenciones de cada representante sobre un mismo asunto. Antes de que se adopte una decisión, podrán hacer uso de la palabra dos representantes de miembros del Consejo a favor y dos en contra de la propuesta de limitación. Cuando los debates estén limitados y un representante rebase el tiempo asignado, el Presidente lo llamará inmediatamente al orden.

Cierre de la lista de oradores, derecho de respuesta

Artículo 46

En el curso de un debate, el Presidente podrá dar lectura a la lista de oradores y, con el consentimiento del Consejo, declararla cerrada. Sin embargo, el Presidente podrá conceder a un representante el derecho de respuesta si un discurso pronunciado después de cerrada la lista lo hiciera aconsejable.

Aplazamiento del debate

Artículo 47

Durante el examen de un asunto, cualquier representante de un miembro del Consejo podrá proponer que se aplace el debate sobre el tema que se esté examinando. Además del autor de la moción, podrán hacer uso de la palabra dos representantes de miembros del Consejo en favor de ella y dos en contra, tras lo cual la moción será sometida inmediatamente a votación. El Presidente podrá limitar la duración de las intervenciones en relación con el presente artículo.

Cierre del debate

Artículo 48

Un representante de un miembro del Consejo podrá proponer en cualquier momento el cierre del debate sobre el asunto que se esté examinando, aun cuando otro representante haya manifestado su deseo de hablar. La autorización para hacer uso de la palabra sobre la moción será concedida solamente a dos representantes de miembros del Consejo que se opongan al cierre, tras lo cual la moción será sometida inmediatamente a votación. Si el Consejo aprobara la moción, el Presidente declarará cerrado el debate. El Presidente podrá limitar la duración de las intervenciones en relación con el presente artículo.

Suspensión o levantamiento de la sesión

Artículo 49

Durante el examen de un asunto, cualquier representante de un miembro del Consejo podrá proponer que se suspenda o se levante la sesión. Tales mociones serán sometidas inmediatamente a votación sin debate. El Presidente podrá limitar la duración de la intervención del orador que proponga la suspensión o el levantamiento de la sesión.

Orden de las mociones de procedimiento

Artículo 50

A reserva de lo dispuesto en el artículo 44, las siguientes mociones tendrán precedencia, en el orden que a continuación se indica, sobre todas las demás propuestas o mociones formuladas antes de la sesión:

(a) Suspensión de la sesión;

(b) Levantamiento de la sesión;

(c) Aplazamiento del debate sobre el asunto que se esté examinando;

(d) Cierre del debate sobre el asunto que se esté examinando.

Propuestas y enmiendas

Artículo 51

Normalmente, las propuestas y las enmiendas deberán ser presentadas por escrito al Secretario General, quien distribuirá su texto a las delegaciones. Por regla general, ninguna propuesta será examinada o sometida a votación en sesión del Consejo sin que haya sido distribuida a las delegaciones a más tardar en la víspera de la sesión. Sin embargo, el Presidente podrá permitir el debate y examen de enmiendas o mociones de procedimiento aun cuando no hayan sido distribuidas o sólo se hayan distribuido el mismo día.

Decisiones sobre cuestiones de competencia

Artículo 52

A reserva de lo dispuesto en el artículo 50, toda moción que requiera una decisión sobre la competencia del Consejo para adoptar una propuesta que le haya sido presentada será sometida a votación antes de que se vote la propuesta de que se trate.

Retiro de propuestas y mociones

Artículo 53

El autor de una propuesta o moción podrá retirarla en cualquier momento antes de que haya sido sometida a votación, a condición de que no haya sido objeto de una enmienda. La propuesta o moción retirada podrá ser presentada de nuevo por cualquier miembro.

Nuevo examen de propuestas

Artículo 54

Cuando una propuesta haya sido aprobada o rechazada, no podrá ser examinada de nuevo en la misma ocasión a menos que el Consejo lo decida por mayoría de dos tercios de sus miembros presentes y votantes, con sujeción al requisito enunciado en el párrafo 2 del artículo 56. Únicamente se autorizará para hacer uso de la palabra sobre una moción de nuevo examen a dos representantes de miembros del Consejo que se opongan a ella, tras lo cual será sometida inmediatamente a votación.

X. ADOPCIÓN DE DECISIONES

Derecho de voto

Artículo 55

Cada miembro del Consejo tendrá un voto.

Adopción de decisiones

Artículo 56

1. Como norma general, las decisiones del Consejo se deberán adopter por consenso.

2. Si todos los intentos de adoptar una decisión por consenso se hubieren agotado y se procediere a votación, las decisiones sobre cuestiones de procedimiento deberán adoptarse por mayoría de los Estados presentes y votantes y las decisiones sobre cuestiones de fondo, salvo en los casos en que la Convención de las Naciones Unidas sobre el Derecho del Mar disponga que el Consejo adopte decisiones por consenso, se adoptarán por mayoría de dos tercios de los miembros presentes y votantes, a menos que se oponga a tales decisiones la mayoría de una de las cámaras a que hace referencia en el párrafo 5 del presente artículo. Para facilitar la determinación de la mayoría en las cámaras, se marcarán claramente las cédulas de votación que se distribuyan a los miembros de cada una.

3. El Consejo podrá aplazar la adopción de una decisión a fin de facilitar la celebración de nuevas negociaciones en todos los casos en que sea evidente que no se han agotado todos los intentos de llegar a un consenso.

4. Las decisiones que adopte el Consejo y que tengan consecuencias financieras o presupuestarias se basarán en las recomendaciones del Comité de Finanzas.

5. Cada grupo de Estados elegido conforme a lo dispuesto en los apartados a) a c) del artículo 84 del reglamento de la Asamblea será considerado una cámara para los efectos de la votación en el Consejo. Los Estados en desarrollo elegidos conforme a lo dispuesto en los apartados d) y e) del artículo 84 del reglamento de la Asamblea serán considerados una cámara única para los efectos de la votación en el Consejo.

Términos empleados

Artículo 57

1. A los efectos del presente reglamento, se entenderá que la expression "miembros presentes y votantes" significa los miembros del Consejo que voten a favor o en contra. Los miembros del Consejo que se abstengan de votar serán considerados no votantes.

2. Con sujeción a lo dispuesto en los artículos 16 a 21, por la expression "miembros participantes" en un período de sesiones del Consejo se entenderá aquellos miembros del Consejo cuyos representantes se hayan registrado en la Secretaría como participantes en ese período de sesiones y que posteriormente no

hayan notificado a la Secretaría que se retiran de él o de parte de él. La Secretaría mantendrá un registro a tal efecto.

Decisiones que requieren consenso

Artículo 58

Las decisiones sobre las cuestiones de fondo que surjan en relación con los apartados m) y o) del párrafo 2 del artículo 162 y con la aprobación de enmiendas a la Parte XI de la Convención de las Naciones Unidas sobre el Derecho del Mar serán adoptadas por consenso.

Empleo de la expresión "consenso"

Artículo 59

A los efectos del presente reglamento, por "consenso" se entiende la ausencia de objeción formal.

Procedimiento de votación

Artículo 60

1.   Cuando no se disponga de sistema mecánico para la votación, las votaciones del Consejo se harán levantando la mano, pero cualquier miembro del Consejo podrá pedir votación nominal. La votación nominal se efectuará siguiendo el orden alfabético inglés de los nombres de los miembros del Consejo que participen en el período de sesiones, comenzando por el miembro cuyo nombre sea sacado a suerte por el Presidente. En las votaciones nominales, se anunciará el nombre de cada uno de los miembros del Consejo y uno de sus representantes contestará "sí", "no" o "abstención". El resultado de la votación se consignará en el acta siguiendo el orden alfabético inglés de los nombres de los miembros del Consejo.

2.   Cuando el Consejo efectúe votaciones haciendo uso del sistema mecánico, la votación no registrada sustituirá a la que se hace levantando la mano y la votación registrada sustituirá a la votación nominal. Cualquier representante de un miembro del Consejo podrá pedir votación registrada. En las votaciones registradas, el Consejo prescindirá del procedimiento de anunciar los nombres de los miembros, salvo que el representante de un miembro del Consejo lo pida; no obstante, el resultado de la votación se consignará en el acta de la misma manera que en las votaciones nominales.

Normas que deben observarse durante la votación

Artículo 61

Una vez que el Presidente haya anunciado el comienzo de la votación, ésta no podrá ser interrumpida, salvo que lo haga el representante de un miembro del Consejo para plantear una cuestión de orden relativa a la forma en que se esté efectuando la votación.

Explicación de voto

Artículo 62

Los representantes de miembros del Consejo podrán, antes de que comience una votación o después de terminada, hacer declaraciones breves que consistan únicamente en explicaciones de voto. El Presidente podrá limitar la duración de esas declaraciones. El representante de un miembro del Consejo que patrocine una propuesta o moción no hará uso de la palabra para explicar su voto sobre ella, salvo que haya sido enmendada.

División de propuestas y enmiendas

Artículo 63

El representante de un miembro del Consejo podrá pedir que las partes de una propuesta o enmienda sean sometidas a votación separadamente. Si algún representante se opone a la moción de división, ella será sometida a votación. Únicamente podrán hacer uso de la palabra respecto de una moción de division dos oradores que estén a favor y dos que se opongan. Si la moción de división es aceptada, las partes de la propuesta o enmienda que ulteriormente sean aprobadas serán sometidas a votación en conjunto. Si todas las partes dispositivas de una propuesta o enmienda son rechazadas, se considerará que la propuesta o enmienda ha sido rechazada en su totalidad.

Orden de votación de las enmiendas

Artículo 64

Cuando se presente una enmienda a una propuesta, se votará primero la enmienda. Cuando se presenten dos o más enmiendas a una propuesta, el Consejo votará primero la que se aparte más, en cuanto al fondo, de la propuesta original, votará enseguida la enmienda que después de la votada anteriormente se aparte más de dicha propuesta y así sucesivamente hasta que se hayan sometido a votación todas las enmiendas. Sin embargo, cuando la aprobación de una enmienda implique necesariamente el rechazo de otra, esta última no será sometida a votación. Si se aprueban una o más de las enmiendas, se someterá a votación la propuesta modificada. Se considerará que una moción es una enmienda a una propuesta si solamente entraña una adición o suppression o una modificación de parte de dicha propuesta.

Orden de votación de las propuestas

Artículo 65

Si dos o más propuestas se refieren a la misma cuestión, el Consejo, a menos que decida otra cosa, las someterá a votación en el orden en que hubieran sido presentadas. Después de la votación de una propuesta, el Consejo podrá decidir si procede o no someter a votación la siguiente.

Elecciones

Artículo 66

Todas las elecciones se efectuarán por votación secreta.

Votación limitada para un cargo o puesto

Artículo 67

Cuando se trate de elegir a una sola persona o un solo miembro del Consejo, si ningún candidato obtiene en la primera votación la mayoría necesaria estipulada en el párrafo 2 del artículo 56, la votación proseguirá hasta que un candidato obtenga la mayoría requerida de los votos emitidos, teniendo en cuenta que, después de la tercera votación no decisiva, se podrá votar por cualquier persona o miembro del Consejo elegible. Si al cabo de tres votaciones no limitadas no se obtiene un resultado decisivo, las tres votaciones siguientes se limitarán a los dos candidatos que hayan obtenido el mayor número de votos en la tercera votación no limitada, las tres votaciones siguientes serán sin limitaciones y así sucesivamente hasta que resulte elegida una persona o miembro del Consejo.

Votación limitada para dos o más cargos o puestos

Artículo 68

Cuando hayan de cubrirse al mismo tiempo y en las mismas condiciones dos o más cargos o puestos electivos, se declararán elegidos a aquellos candidatos que, sin exceder el número de esos cargos o puestos, obtengan en la primera votación la mayoría requerida. Si el número de candidatos que obtenga tal mayoría es menor que el de personas o miembros que han de ser elegidos, se efectuarán votaciones adicionales para cubrir los puestos restantes, limitándose la votación a los candidatos que hayan obtenido más votos en la votación anterior, de modo que el número de candidatos no sea mayor que el doble del de cargos o puestos que queden por cubrir; sin embargo, después del tercer escrutinio sin resultado decisivo, se podrá votar por cualquier persona o miembro elegible. Si tres votaciones no limitadas no dan resultado decisivo, las tres votaciones siguientes se limitarán a los candidatos que hayan obtenido mayor número de votos en la tercera votación no limitada, de modo que el número de candidatos no sea mayor que el doble del de los cargos o puestos que queden por cubrir, las tres votaciones ulteriores serán sin limitaciones de candidatos y así sucesivamente hasta que se hayan cubierto todos los cargos o puestos.

Empate en votaciones cuyo objeto no sea una elección

Artículo 69

En caso de empate en una votación cuyo objeto no sea una elección se procederá a una segunda votación en una sesión ulterior, que deberá celebrarse dentro de las 48 horas siguientes a la primera votación, y se consignará expresamente en el orden del día que habrá de efectuarse una segunda votación sobre esa cuestión. Si esta votación da también por resultado un empate, se tendrá por rechazada la propuesta.

XI. PROCEDIMIENTOS ESPECIALES

Aprobación de los planes de trabajo

Artículo 70

El Consejo aprobará la recomendación de la Comisión Jurídica y Técnica de que se apruebe un plan de trabajo a menos que, por mayoría de dos tercios de sus miembros presentes y votantes, que comprenderá la mayoría de los miembros presentes y votantes en cada una de las cámaras del Consejo, decida rechazarlo. Si el Consejo no adoptare una decisión acerca de una recomendación de aprobación de un plan de trabajo dentro del plazo prescrito, se considerará que la recomendación ha sido aprobada al cumplirse ese plazo. El plazo prescrito normalmente será de 60 días, a menos que el Consejo decida fijar un plazo mayor. Si la Comisión recomienda que se rechace un plan de trabajo o no hace una recomendación, el Consejo podrá aprobar de todos modos el plan de trabajo de conformidad con su reglamento relativo a la adopción de decisiones sobre cuestiones de fondo.

XII. ÓRGANOS SUBSIDIARIOS

Establecimiento

Artículo 71

El Consejo puede establecer, cuando sea procedente y teniendo en cuenta las exigencias de economía y eficiencia, los órganos subsidiarios que considere necesarios para el desempeño de sus funciones.

Composición

Artículo 72

En la composición de los órganos subsidiarios se hará hincapié en la necesidad de contar con miembros calificados y competentes en las materias técnicas de que se ocupen esos órganos, teniendo debidamente en cuenta el principio de la distribución geográfica equitativa y los intereses especiales.

Reglamento

Artículo 73

El presente reglamento del Consejo será aplicable, *mutatis mutandis*, a las actuaciones de los órganos subsidiarios a menos que el Consejo decida otra cosa.

XIII. PARTICIPACIÓN DE REPRESENTANTES QUE NO SON MIEMBROS DEL CONSEJO

Participación de miembros de la Autoridad

Artículo 74[3]

Los miembros de la Autoridad que no estén representados en el Consejo podrán enviar representantes para asistir a una sesión de éste. Esos representantes podrán participar en las deliberaciones, pero no tendrán derecho a voto.

Participación de observadores

Artículo 75

Los observadores mencionados en el artículo 82 del reglamento de la Asamblea podrán designar representantes para que participen sin derecho a voto en las deliberaciones del Consejo, por invitación del Consejo, sobre cuestiones que les conciernan o estén comprendidas en el ámbito de sus actividades.

Cooperación con organizaciones internacionales y no gubernamentales

Artículo 76

El Secretario General adoptará, con la aprobación del Consejo y en los asuntos de la competencia de la Autoridad, disposiciones apropiadas para la celebración de consultas y la cooperación con las organizaciones internacionales y con las organizaciones no gubernamentales reconocidas por el Consejo Económico y Social de las Naciones Unidas.

XIV. ELECCIONES PARA LA COMISIÓN DE PLANIFICACIÓN ECONÓMICA Y LA COMISIÓN JURÍDICA Y TÉCNICA[4]

Composición

Artículo 77

1.   Cada Comisión estará integrada por 15 miembros elegidos por el Consejo entre los candidatos propuestos por los miembros de la Autoridad.

---

[3]   Este artículo debe entenderse sin perjuicio del entendimiento a que llegó la Asamblea en la primera parte de su segundo período de sesiones, celebrada en marzo de 1996, y según el cual: "El grupo regional que ceda un puesto tendrá derecho a designar a uno de sus miembros en la Asamblea para que participe en las deliberaciones del Consejo, sin derecho a voto, durante el período por el cual haya cedido su puesto" (ISBA/A/L.8, nota 2, e ISBA/A/L.9, párra. 11).

[4]   Véase la nota 2 *supra.*

2.   No obstante, si es necesario, el Consejo podrá decidir aumentar el número de miembros de cualquiera de las Comisiones teniendo debidamente en cuenta las exigencias de economía y eficiencia.

3.   De conformidad con el párrafo 2 del artículo 56, las decisiones del Consejo relativas a las cuestiones a que se hace referencia en los párrafos 1 y 2 *supra* se adoptarán por una mayoría de dos tercios de los miembros presents y votantes, siempre que no se oponga a tales decisiones una mayoría de cualquiera de las cámaras a que se hace referencia en el párrafo 5 del artículo 56.

Distribución geográfica equitativa y representación de intereses especiales

Artículo 78

En la elección de miembros de las Comisiones, se tendrá debidamente en cuenta la necesidad de una distribución geográfica equitativa y de la representación de los intereses especiales.

Candidaturas

Artículo 79

Ningún Estado parte podrá proponer más de un candidato a miembro de una Comisión. Ninguna persona podrá ser elegida miembro de más de una Comisión.

Mandato

Artículo 80

1.   Los miembros de las Comisiones desempeñarán su cargo durante cinco años y podrán ser reelegidos para un nuevo mandato.

2.   El mandato de los miembros de las Comisiones comenzará en la fecha de la elección.

3.   En caso de fallecimiento, incapacidad o renuncia de un miembro de una Comisión antes de la expiración de su mandato, el Consejo elegirá a una persona de la misma región geográfica o esfera de intereses, quien ejercerá el cargo durante el resto de ese mandato.

Requisitos generales para ser miembro de una Comisión

Artículo 81

Los miembros de cada Comisión deberán tener una preparación adecuada en la esfera de competencia de esa Comisión. Los miembros de la Autoridad propondrán candidatos de la máxima competencia e integridad que tengan la debida preparación en las materias pertinentes, de modo que quede garantizado el funcionamiento eficaz de las Comisiones.

Requisitos para ser miembro de la Comisión de Planificación Económica

Artículo 82

Los miembros de la Comisión de Planificación Económica deberán tener la preparación adecuada en explotación minera, administración de actividades relacionadas con los recursos minerales, comercio internacional o economía internacional, entre otras. El Consejo procurará que en la composición de la Comisión estén representados todos los tipos de preparación pertinentes. En la Comisión deberá haber por lo menos dos miembros procedentes de Estados en desarrollo cuyas exportaciones de las categorías de minerales que hayan de extraerse de la Zona tengan consecuencias importantes para sus economías.

Requisitos para ser miembro de la Comisión Jurídica y Técnica

Artículo 83

Los miembros de la Comisión Jurídica y Técnica deberán tener la preparación adecuada en exploración, explotación y tratamiento de minerales, oceanología, protección del medio marino o asuntos económicos o jurídicos relativos a la minería marina y otras materias conexas. El Consejo procurará que en la composición de la Comisión estén representados todos los tipos de preparación pertinentes.

XV. ENMIENDAS

Procedimiento de enmienda

Artículo 84

El presente reglamento podrá ser enmendado por decisión del Consejo, adoptada por mayoría de los miembros presentes y votantes, después de que una comisión haya considerado la enmienda propuesta.

COMENTARIO

Como ocurrió con el reglamento de la Asamblea, fue necesario introducir modificaciones considerables en el proyecto de reglamento del Consejo elaborado por la Comisión Preparatoria (LOS/PCN/WP.31/Rev.3), principalmente para tener en cuenta el Acuerdo de 1994. Antes del segundo período de sesiones de la Autoridad (1996), la Secretaría preparó un nuevo proyecto de reglamento teniendo en cuenta las disposiciones del Acuerdo y las deliberaciones que se habían celebrado en relación con el reglamento de la Asamblea ISBA/C/WP.1).

El proyecto revisado fue examinado en un grupo de trabajo de composición abierta del Consejo presidido por el Sr. Marsit (Túnez).

El grupo de trabajo celebró siete sesiones y, en el segundo período de sesiones de la Autoridad, presentó al Consejo para su examen una versión revisada del reglamento (ISBA/C/WP.1/Rev.1). Tras examiner el informe del grupo de trabajo, el Consejo, en su novena sesión, celebrada el 16 de agosto de 1996, aprobó oficialmente su reglamento (ISBA/C/12).

FUENTES DOCUMENTALES

- COMISIÓN PREPARATORIA

LOS/PCN/WP.26/Rev.3, Proyecto definitivo de reglamento del Consejo de la Autoridad Internacional de los Fondos Marinos, reproducido en: LOS/PCN/153, Vol. V, p. 33-58.

- AIFM

ISBA/A/L.7/Rev.1, Declaración del Presidente sobre la labor realizada por la Asamblea durante la tercera parte de su primer período de sesiones, párra. 34, (*Selección de Decisiones 1/2/3*, 13).

ISBA/A/L.9, Declaración del Presidente sobre la labor realizada por la Asamblea durante la primera parte del segundo período de sesiones, párra. 26, (*Selección de Decisiones 1/2/3*, 23).

ISBA/A/L.13, Declaración del Presidente sobre la labor de la Asamblea en la continuación del segundo período de sesiones, párra. 2, (*Selección de Decisiones 1/2/3*, 32).

ISBA/C/12, Reglamento del Consejo de la Autoridad Internacional de los Fondos Marinos.

ISBA/C/L.3, Declaración del Presidente interino sobre la labor del Consejo durante la continuación del segundo período de sesiones, párra. 6, (*Selección de Decisiones 1/2/3*, 41).

ISBA/C/WP.1/Rev.1, Proyecto de reglamento del Consejo.

DECISIÓN DE LA ASAMBLEA DE LA AUTORIDAD INTERNACIONAL DE LOS FONDOS MARINOS ACERCA DE LA DURACIÓN DEL MANDATO DE LOS MIEMBROS DEL CONSEJO

La Asamblea de la Autoridad Internacional de los Fondos Marinos
Decide, a fin de armonizar el mandato de los miembros del Consejo con el año calendario, que el mandato de los miembros elegidos en 1998 comience el 1° de enero de 1999 y continúe por un período de cuatro años y que el mandato de los miembros elegidos en 1996 y continúe por un período de dos años termine el 31 de diciembre de 1998, mientras que el mandato de los miembros elegidos en 1996 por un período de cuatro años terminará el 31 de diciembre de 2000.

53ª sesión
25 de marzo de 1998

COMENTARIO

De conformidad con el párrafo 15 de la sección 3 del anexo del Acuerdo de 1994, el Consejo estará integrado por 36 miembros de la Autoridad elegidos por la Asamblea en el orden siguiente:

"(a) Cuatro miembros escogidos entre los Estados Partes que, durante los últimos cinco años respecto de los cuales se disponga de estadísticas, hayan absorbido más del 2% en términos de valor del consumo mundial total o hayan efectuado importaciones netas de más del 2% en términos de valor de las importaciones mundiales totals de los productos básicos obtenidos a partir de las categorías de minerales que hayan de extraerse de la Zona, a condición de que entre esos cuatro miembros se incluya a un Estado de la región de Europa oriental que tenga la economía más importante de esa región en términos de producto interno bruto, y al Estado que, a la fecha de la entrada en vigor de la Convención, tenga la economía más importante en términos de producto interno bruto, si esos Estados desean estar representados en este grupo [**Grupo A**];

(b)   Cuatro miembros escogidos entre los ocho Estados Partes que, directamente o por medio de sus nacionales, hayan hecho las mayores inversiones en la preparación y realización de actividades en la Zona [**Grupo B**];

(c)   Cuatro miembros escogidos entre los Estados Partes que, sobre la base de la producción de las áreas que se encuentran bajo su jurisdicción, sean grandes exportadores netos de las categorías de minerales que han de extraerse de la Zona, incluidos por lo menos dos Estados en desarrollo cuyas exportaciones de esos minerales tengan importancia considerable para su economía [**Grupo C**];

(d)   Seis miembros escogidos entre los Estados Partes en desarrollo, que representen intereses especiales. Los intereses especiales que han de estar representados incluirán los de los Estados con gran población, los Estados sin litoral o en situación geográfica desventajosa, los Estados insulares, los Estados que sean grandes importadores de las categorías de minerales que han de extraerse de la Zona, los Estados que sean productores potenciales de tales minerales y los Estados en desarrollo menos adelantados [**Grupo D**];

(e)   Dieciocho miembros escogidos de conformidad con el principio de asegurar una distribución geográfica equitativa de los puestos del Consejo en su totalidad, a condición de que cada region geográfica cuente por lo menos con un miembro elegido en virtud de este apartado. A tal efecto se considerarán regiones geográficas África, América Latina y el Caribe, Asia, Europa occidental y otros Estados, y Europa oriental [**Grupo E**]."

El primer Consejo de la Autoridad fue elegido el 21 de marzo de 1996 (ISBA/A/L.8) tras intensas consultas entre los grupos regionals y de interés. De conformidad con la Convención de 1982 y el Acuerdo de 1994, los mandatos de la mitad de los miembros del Consejo concluyeron al cabo de dos años. En consecuencia, en marzo de 1998, se celebró la primera elección para cubrir vacantes. En su 53ª sesión, celebrada el 25 de marzo de 1998, la Asamblea decidió que, para armonizar los mandatos de los miembros del Consejo que se elegirían en 1998, sus mandatos de cuatro años comenzarían el 1º de enero de 1999 y continuarían por un período de cuatro años civiles hasta el 31 de diciembre de 2002. La Asamblea decidió también que el mandato de los miembros del Consejo elegidos en 1996 por un mandato de dos años terminaría el 31 de diciembre de 1998 (ISBA/4/A/5).

Desde entonces, las elecciones para elegir a la mitad de los miembros del Consejo se han celebrado cada dos años. Para facilitar la determinación por la Asamblea, de conformidad con el párrafo 9 de la sección 3 del anexo del Acuerdo, de los Estados que satisfarían los criterios para pertenecer a los distintos grupos de Estados en el Consejo, se ha seguido la práctica de que la Secretaría prepare un documento oficioso que contiene listas indicativas de los Estados miembros de la Autoridad que satisfarían los criterios para pertenecer a los distintos grupos de Estados en el Consejo.

FUENTES DOCUMENTALES

- AIFM

ISBA/A/L.1/Rev.1, Declaración del Presidente de la Asamblea sobre la labor realizada por la Asamblea durante la segunda parte del primer período de sesiones, párras. 7-24, (*Selección de Decisiones 1/2/3*, 4-7).

ISBA/A/L.7/Rev.1, Declaración del Presidente sobre la labor realizada por la Asamblea durante la tercera parte de su primer período de sesiones, párras. 4-10, (*Selección de Decisiones 1/2/3*, 8-9).

ISBA/A/L.8, Composición del primer Consejo de la Autoridad Internacional de los Fondos Marinos, (*Selección de Decisiones 1/2/3*, 17-19).

ISBA/A/L.9, Declaración del Presidente sobre la labor realizada por la Asamblea durante la primera parte del segundo período de sesiones, párras. 2-11 y Anexos I-VII, (*Selección de Decisiones 1/2/3*, 20-21, 23-27).

ISBA, Lista indicativa de los Estados que satisfarían los criterios para pertenecer a los distintos grupos de Estados en el Consejo de la Autoridad Internacional de los Fondos Marinos con arreglo al párrafo 15 de la sección 3 del anexo del Acuerdo relativo a la aplicación de la Parte XI de la Convención de las Naciones Unidas sobre el Derecho del Mar de 10 de diciembre de 1982, Documento de trabajo oficioso, 27 de febrero de 1995 (versión mimeografiada).

ISBA, Lista indicativa ordenada alfabéticamente de los Estados Miembros de la Autoridad Internacional de los Fondos Marinos que satisfarían los criterios para pertenecer a los distintos grupos de Estados en el Consejo de la Autoridad Internacional de los Fondos Marinos con arreglo al párrafo 15 de la sección 3 del anexo del Acuerdo relativo a la aplicación de la Parte XI de la Convención de las Naciones Unidas sobre el Derecho del Mar de 10 de diciembre de 1982, Documento de trabajo oficioso No. 2, 2 de marzo de 1995 (versión imeografiada).

ISBA, Lista indicativa de los Estados Miembros de la Autoridad Internacional de los Fondos Marinos – Estados que satisfarían los requisitos para pertenecer a los grupos que se describen en los apartados a) a e) del párrafo 15 del Acuerdo, Documento de trabajo oficioso No. 3, 2 de marzo de 1995 (versión mimeografiada).

ISBA/3/A/4, Informe presentado por el Secretario General de la Autoridad Internacional de los Fondos Marinos con arreglo al párrafo 4 del artículo 166 de la Convención del Derecho del Mar, párra. 14, (*Selección de Decisiones 1/2/3*, 50).

ISBA/4/A/5, Decisión de la Asamblea de la Autoridad Internacional de los Fondos Marinos acerca de la duración del mandato de los miembros del Consejo, (*Selección de Decisiones 4*, 40).

ISBA/4/A/6*, Decisión de la Asamblea de la Autoridad Internacional de los Fondos Marinos relativa a la elección para cubrir las vacantes del Consejo con arreglo a lo dispuesto en el párrafo 3 del artículo 161 de la Convención, (*Selección de Decisiones 4*, 40).

ISBA/4/A/11, Informe presentado por el Secretario General de la Autoridad Internacional de los Fondos Marinos con arreglo al párrafo 4 del artículo 166 de la Convención de las Naciones Unidas sobre el Derecho del Mar, párras. 10-12, (*Selección de Decisiones 4*, 53-54).

ISBA/4/A/L.5, Proyecto de decisión de la Asamblea relativa a la elección para llenar vacantes en el Consejo.

ISBA, Lista indicativa de los Estados que satisfarían los criterios para pertenecer a los distintos grupos de Estados en el Consejo de la Autoridad Internacional de los Fondos Marinos durante el Segundo bienio del mandato del primer Consejo, Documento de trabajo oficioso, 16 de marzo de 1998 (versión mimeografiada).

ISBA/5/A/7*, Decisión de la Asamblea de la Autoridad Internacional de los Fondos Marinos relativa a la elección para cubrir vacantes en el Consejo, (*Selección de Decisiones 5*, 20).

ISBA/5/A/14, Declaración del Presidente sobre la labor realizada por la Asamblea en el quinto período de sesiones, párra. 4, (*Selección de Decisiones 5*, 42).

ISBA/6/A/14, Decisión de la Asamblea de la Autoridad Internacional de los Fondos Marinos relativa a las elecciones para llenar las vacantes en el Consejo con arreglo a lo dispuesto en el párrafo 3 del artículo 161 de la Convención, (*Selección de Decisiones 6*, 30-31).

ISBA/6/A/19, Declaración del Presidente sobre la labor realizada por la Asamblea en la continuación del sexto período de sesiones, párra. 14, (*Selección de Decisiones 6*, 72).

ISBA/6/A/L.3, Proyecto de decisión de la Asamblea de la Autoridad Internacional de los Fondos Marinos relativa a las elecciones para llenar las vacantes en el Consejo con arreglo a lo dispuesto en el párrafo 3 del artículo 161 de la Convención.

ISBA/6/A/CRP.1, Elecciones para cubrir las vacantes del Consejo para el período comprendido entre 2001 y 2004 según lo dispuesto en el párrafo 3 del artículo 161 de la Convención, 21 de marzo de 2000 (versión mimeografiada).

ISBA/6/A/CRP.2, Lista indicativa de los Estados Miembros de la Autoridad Internacional de los Fondos Marinos que satisfarían los criterios para pertenecer a los distintos grupos de Estados en el Consejo, 27 de marzo de 2000 (versión mimeografiada).

ISBA/8/A/10, Decisión de la Asamblea de la Autoridad Internacional de los Fondos Marinos relativa a la elección para llenar las vacantes en el Consejo de la Autoridad, de conformidad con el párrafo 3 del artículo 161 de la Convención de las Naciones Unidas sobre el Derecho del Mar, (*Selección de Decisiones 8*, 30-31).

ISBA/8/A/13, Declaración del Presidente sobre la labor de la Asamblea en su octavo período de sesiones, párra. 14, (*Selección de Decisiones 8*, 35-36).

ISBA/8/A/L.2, Proyecto de decisión de la Asamblea de la Autoridad Internacional de los Fondos Marinos relativo a la elección para llenar las vacantes en el Consejo de la Autoridad, de conformidad con el párrafo 3 del artículo 161 de la Convención de las Naciones Unidas sobre el Derecho del Mar.

ISBA/8/A/CRP.1, Elección para cubrir las vacantes del Consejo para el período comprendido entre 2003 y 2006 según lo dispuesto en el párrafo 3 del artículo 161 de la Convención, 19 de julio de 2002 (versión mimeografiada).

ISBA/8/A/CRP.2, Lista indicativa de los Estados Miembros de la Autoridad Internacional de los Fondos Marinos que satisfarían los criterios para pertenecer a los distintos grupos de Estados en el Consejo con arreglo al párrafo 15 de la sección 3 del anexo del Acuerdo relativo a la aplicación de la Parte XI de la Convención de las Naciones Unidas sobre el Derecho del Mar de 10 de diciembre de 1982, 19 de julio de 2002 (versión mimeografiada).

ISBA/10/A/12, Declaración del Presidente sobre la labor de la Asamblea en su décimo período de sesiones, párras. 37-38, (*Selección de Decisiones 10*, 67-68).

ISBA/10/A/CRP.1, Elección para cubrir las vacantes del Consejo para el período comprendido entre 2005 y 2008 según lo dispuesto en el párrafo 3 del artículo 161 de la Convención, 26 de marzo de 2004 (versión mimeografiada).

ISBA/10/A/CRP.2, Lista indicativa de los Estados que satisfarían los criterios para pertenecer a los distintos grupos de Estados en el Consejo con arreglo al párrafo 15 de la sección 3 del anexo del Acuerdo relativo a la aplicación de la Parte XI de la Convención de las Naciones Unidas sobre el Derecho del Mar de 10 de diciembre de 1982, 26 de marzo de 2004 (versión mimeografiada).

ISBA/10/A/CRP.3, Candidatos a la elección para cubrir las vacantes del Consejo, 26 de marzo de 2004 (versión mimeografiada).

ISBA/12/A/12, Decisión de la Asamblea de la Autoridad Internacional de los Fondos Marinos relativa a la elección para llenar las vacantes en el Consejo, (*Selección de Decisiones 12*, 25-26).

ISBA/12/A/13, Declaración del Presidente sobre la labor de la Asamblea en su duodécimo período de sesiones, párra. 31, (*Selección de Decisiones 12*, 32-33).

ISBA/12/A/CRP.1, Elección para cubrir las vacantes del Consejo para el período comprendido entre 2007 y 2010 según lo dispuesto en el párrafo 3 del artículo 161 de la Convención, 7 de agosto de 2006 (versión mimeografiada).

ISBA/12/A/CRP.2, Lista indicativa de los Estados que satisfarían los criterios para pertenecer a los distintos grupos de Estados en el Consejo con arreglo al párrafo 15 de la sección 3 del anexo del Acuerdo relativo a la aplicación de la Parte XI de la Convención de las Naciones Unidas sobre el Derecho del Mar de 10 de diciembre de 1982, 7 de agosto de 2006 (versión mimeografiada).

ISBA/14/A/12, Decisión de la Asamblea de la Autoridad Internacional de los Fondos Marinos relativa a la elección para llenar las vacantes en el Consejo, (*Selección de Decisiones 14*, 27-28).

ISBA/14/A/13, Declaración del Presidente sobre la labor de la Asamblea en su catorce período de sesiones, párras. 19-20, (*Selección de Decisiones 14*, 31).

ISBA/14/A/CRP.1, Elección para cubrir las vacantes del Consejo para el período comprendido entre 2009 y 2012 según lo dispuesto en el párrafo 3 del artículo 161 de la Convención, 21 de mayo de 2008 (versión mimeografiada).

ISBA/14/A/CRP.2, Lista indicativa de los Estados que satisfarían los criterios para pertenecer a los distintos grupos de Estados en el Consejo con arreglo al párrafo 15 de la sección 3 del anexo del Acuerdo relativo a la aplicación de la Parte XI de la Convención de las Naciones Unidas sobre el Derecho del Mar de 10 de diciembre de 1982, 21 de mayo de 2008 (versión mimeografiada).

ISBA/16/A/11, Decisión de la Asamblea de la Autoridad Internacional de los Fondos Marinos relativa a la elección para llenar las vacantes en el Consejo de la Autoridad, de conformidad con el párrafo 3 del artículo 161 de la Convención de las Naciones Unidas sobre el Derecho del Mar, (*Selección de Decisiones 16*, 39-40).

ISBA/16/A/13, Declaración del Presidente de la Asamblea de la Autoridad Internacional de los Fondos Marinos sobre la labor de la Asamblea durante su decimosexto período de sesiones, párra. 36, (*Selección de Decisiones 16*, 87-88).

ISBA/16/A/CRP.1, Elección para cubrir las vacantes del Consejo para el período comprendido entre 2011 y 2012 según lo dispuesto en el párrafo 3 del artículo 161 de la Convención, 16 de marzo de 2010 (versión mimeografiada).

ISBA/16/A/CRP.2, Lista indicativa de los Estados que satisfarían los criterios para pertenecer a los distintos grupos de Estados en el Consejo con arreglo al párrafo 15 de la sección 3 del anexo del Acuerdo relativo a la aplicación de la Parte XI de la Convención de las Naciones Unidas sobre el Derecho del Mar de 10 de diciembre de 1982, 16 de marzo de 2010 (versión mimeografiada).

REGLAMENTO DEL COMITÉ DE FINANZAS

Índice

NOTA INTRODUCTORIA

1. El 28 de julio de 1994 la Asamblea General de las Naciones Unidas aprobó el Acuerdo relativo a la aplicación de la Parte XI de la Convención de las Naciones Unidas sobre el Derecho del Mar de 10 de diciembre de 1982 (denominado en adelante "el Acuerdo"). El Acuerdo se aplicó en forma provisional desde el 16 de noviembre de 1994 y entró en vigor el 28 de julio de 1996.

2. Con arreglo a ese Acuerdo, sus disposiciones y las de la Parte XI de la Convención se han de interpretar y aplicar en conjunto como un solo instrumento; el presente reglamento y las referencias hechas a él en la Convención han de interpretarse y aplicarse en consecuencia.

I. PERÍODOS DE SESIONES

Frecuencia de los períodos de sesiones

Artículo 1

El Comité de Finanzas (a partir de ahora llamado "el Comité") se reunirá con la frecuencia que requiera el ejercicio eficaz de sus funciones, tomando en cuenta las exigencias de la eficiencia en función de los gastos.

Lugar de reunión

Artículo 2

El Comité se reunirá normalmente en la sede de la Autoridad. Los períodos de sesiones del Comité podrán celebrarse en otro lugar, con arreglo a una decisión de la Asamblea o el Consejo.

Convocación del período de sesiones

Artículo 3

1. Teniendo en cuenta las disposiciones del artículo 1, se convocarán los períodos de sesiones del Comité cuando lo soliciten:
   (a) La Asamblea;
   (b) El Consejo;
   (c) La mayoría de los miembros del Comité;
   (d) El Presidente del Comité; o
   (e) El Secretario General.

2. Antes de solicitar que se convoque a un período de sesiones del Comité, el Presidente o el Secretario General consultarán entre sí y con los miembros del Comité, entre otras cosas, respecto de la fecha y la duración del período de sesiones.

3. Todo período de sesiones del Comité que se convoque a petición de la Asamblea o el Consejo se reunirá tan pronto como sea posible, pero a más tardar dentro de los 60 días siguientes a la fecha de la petición.

Notificación a los miembros

Artículo 4

El Secretario General notificará a los miembros del Comité tan pronto como sea posible la fecha y la duración de cada período de sesiones.

Suspensión temporaria del período de sesiones

Artículo 5

El Comité podrá decidir la suspensión temporaria de cualquier período de sesiones y su continuación en una fecha posterior.

II. PROGRAMA

Preparación del programa provisional

Artículo 6

El programa provisional de cada período de sesiones del Comité sera preparado por el Secretario General en consulta con el Comité y, siempre que sea posible, incluirá:

(a) Todos los temas propuestos por la Asamblea;

(b) Todos los temas propuestos por el Consejo;

(c) Todos los temas propuestos por el Comité;

(d) Todos los temas propuestos por el Presidente;

(e) Todos los temas propuestos por cualquier miembro del Comité;

(f) Todos los temas propuestos por el Secretario General.

Comunicación del programa provisional

Artículo 7

El programa provisional de cada período de sesiones del Comité se comunicará a los miembros del Comité y a los miembros de la Autoridad tan pronto como sea posible con anticipación respecto del período de sesiones, pero por lo menos 21 días antes de iniciarse el período de sesiones. Todo cambio posterior del programa provisional o adición a él se señalará a la atención de los miembros del Comité y de los miembros de la Autoridad con anticipación suficiente respecto del período de sesiones.

Aprobación del programa

Artículo 8

1. Al iniciarse cada período de sesiones el Comité aprobará el programa del período de sesiones sobre la base del programa provisional.

2. En caso necesario, el Comité de Finanzas podrá enmendar el programa, aunque no se suprimirá ni modificará ningún tema que le haya remitido la Asamblea o el Consejo.

III. ELECCIONES Y FUNCIONES DEL COMITÉ

Elecciones

Artículo 9

Los miembros del Comité serán elegidos por la Asamblea con arreglo a la Convención y al Acuerdo y al reglamento de la Asamblea.

Actividades incompatibles y confidencialidad

Artículo 10

Los miembros del Comité no podrán tener intereses financieros en ninguna actividad relacionada con las cuestiones sobre las que el Comité deba formular recomendaciones. No revelarán, ni siquiera después de cesar en sus funciones, ninguna información confidencial que llegue a su conocimiento como consecuencia del desempeño de sus funciones en relación con la Autoridad.

Funciones

Artículo 11

El Comité ayudará a la Asamblea y al Consejo en la administración financiera de la Autoridad mediante lrestación de asesoramiento acerca de asuntos que tengan consecuencias financieras o presupuestarias y, entre otras cosas, formulará recomendaciones respecto de los siguientes asuntos:

(a) Proyectos de normas, reglamentos y procedimientos financieros de los órganos de la Autoridad y la gestión financiera interna de la Autoridad;

(b) Determinación de las cuotas de los miembros en el presupuesto administrativo de la Autoridad con arreglo a lo dispuesto en el apartado e) del párrafo 2 del artículo 160 de la Convención;

(c) Todos los asuntos financieros pertinentes, incluido el proyecto de presupuesto anual preparado por el Secretario General de la Autoridad de conformidad con lo dispuesto en el artículo 172 de la Convención y los aspectos financieros de la ejecución de los programas de trabajo de la Secretaría;

(d) El presupuesto administrativo;

(e) Las obligaciones financieras de los Estados Partes derivadas de la aplicación del Acuerdo y de la Parte XI de la Convención, así como las consecuencias administrativas y presupuestarias de las propuestas y recomendaciones que entrañen gastos con cargo a los fondos de la Autoridad;

(f) Las normas, los reglamentos y los procedimientos relativos a la distribución equitativa de los beneficios financieros y otros beneficios económicos derivados de las actividades realizadas en la Zona y las decisiones que hayan de adoptarse al respecto.

IV. MIEMBROS DE LA MESA

Elección del Presidente y el Vicepresidente y duración de sus mandatos

Artículo 12

1.   Cada año, en su primera sesión, el Comité elegirá un Presidente y un Vicepresidente de entre sus miembros.

2.   El Presidente y el Vicepresidente serán elegidos por un período de un año. Permanecerán en sus cargos hasta que sean elegidos sus sucesores y podrán ser reelegidos.

Presidente interino

Artículo 13

1.   En ausencia del Presidente, lo sustituirá el Vicepresidente.

2.   Si el Presidente cesare en su cargo de conformidad con el artículo 17, el Vicepresidente ocupará su lugar hasta la elección de un nuevo Presidente.

Atribuciones del Presidente interino

Artículo 14

El Vicepresidente que actúe en forma interina como Presidente tendrá las mismas atribuciones y obligaciones que el Presidente.

Relator

Artículo 15

El Comité, en caso necesario, podrá designar relator a uno de sus miembros respecto de cualquier cuestión determinada.

Atribuciones del Presidente

Artículo 16

1.   El Presidente, en el ejercicio de sus funciones, queda subordinado a la autoridad del Comité.

2.   El Presidente, además de ejercer las atribuciones que le confieren otras disposiciones del presente reglamento, abrirá y levantará cada una de las sesiones del Comité, dirigirá los debates, velará por la aplicación del presente reglamento, concederá la palabra, someterá a votación los asuntos y proclamará las decisiones. Dirimirá las cuestiones de orden y, con sujeción al presente reglamento, tendrá plena autoridad para dirigir las deliberaciones del Comité y para mantener el orden en las sesiones. El Presidente podrá, en el curso del debate sobre un tema, proponer al Comité que se limite la duración de las intervenciones o el número de intervenciones de cada miembro sobre un asunto y que se cierre la lista de oradores

o el debate. También podrá proponer que se suspenda o levante la sesión o que se aplace el debate sobre el asunto que se esté examinando.

3. El Presidente representará al Comité en las sesiones de la Asamblea General y del Consejo.

Reemplazo del Presidente o del Vicepresidente

Artículo 17

Si el Presidente o el Vicepresidente no estuviesen en condiciones de ejercer sus funciones o dejasen de ser miembros del Comité, cesarán en su cargo y se elegirá a un nuevo Presidente o Vicepresidente por el resto del mandato.

V. SECRETARÍA

Funciones del Secretario General

Artículo 18

1. El Secretario General actuará en esa capacidad en todas las reuniones del Comité. Podrá designar a un funcionario de la Secretaría para que lo represente. Realizará todas las demás funciones que le encomiende el Comité.

2. El Secretario General prestará los servicios de personal que requiera el Comité y dirigirá sus actividades, tomando en cuenta en el mayor grado possible las exigencias de la economía y la eficiencia, y se encargará de tomar todas las medidas que puedan resultar necesarias para que celebre sus reuniones.

3. El Secretario General mantendrá informados a los miembros del Comité de todos los asuntos que se le puedan transmitir para su examen.

4. El Secretario General suministrará al Comité, a su solicitud, la información y los informes sobre las cuestiones que éste determine.

Funciones de la Secretaría

Artículo 19

La Secretaría recibirá, traducirá, reproducirá y distribuirá las recomendaciones, los informes y los demás documentos del Comité, interpretará las intervenciones hechas en las reuniones, preparará y distribuirá, cuando así se decida, la documentación del período de sesiones, custodiará en forma apropiada los documentos en los archivos del Comité y, en general, realizará todos los demás trabajos que pueda requerir el Comité.

VI. ACTUACIONES

Actuaciones

Artículo 20

Las actuaciones del Comité se regirán por la práctica general, tal como se refleja en la sección XII del reglamento de la Asamblea.

VII. ADOPCIÓN DE DECISIONES

Derecho de voto

Artículo 21

Cada miembro del Comité, inclusive el Presidente, tendrá un voto.

Adopción de decisiones

Artículo 22

1. Como norma general, el Comité adoptará sus decisiones por consenso. Si todos los intentos de adoptar una decisión por consenso se hubieren agotado, las decisiones sobre cuestiones de procedimiento se adoptarán por mayoría de los miembros presentes y votantes.
2. Las decisiones sobre cuestiones de fondo se adoptarán por consenso.

Significado de la expresión "miembros presentes y votantes"

Artículo 23

A los efectos del presente reglamento, se entenderá por "miembros presents y votantes" los miembros presentes que voten a favor o en contra. Los miembros que se abstengan de votar serán considerados no votantes.

Procedimiento de votación

Artículo 24

El Comité aplicará, *mutatis mutandis*, las normas relativas al procedimiento de votación que figuran en los artículos 66 a 71 del reglamento de la Asamblea.

Elecciones

Artículo 25

Todas las elecciones en el Comité se efectuarán por votación secreta.

Procedimiento de las elecciones

Artículo 26

El Comité aplicará, *mutatis mutandis*, las normas relativas al procedimiento de las elecciones que figuran en los artículos 73 a 75 del reglamento de la Asamblea.

VIII. IDIOMAS

Idiomas del Comité

Artículo 27

El árabe, el chino, el español, el francés, el inglés y el ruso serán los idiomas del Comité.

Interpretación

Artículo 28

Los discursos pronunciados en cualquiera de los seis idiomas del Comité se interpretarán a los otros cinco idiomas.

Otros idiomas

Artículo 29

Cualquier miembro podrá intervenir en un idioma distinto de los idiomas del Comité. En ese caso, suministrará la interpretación a uno de los idiomas del Comité. La interpretación a los demás idiomas del Comité por los intérpretes de la Secretaría podrá basarse en la interpretación hecha al primero de esos idiomas.

Idiomas de las recomendaciones y los documentos

Artículo 30

Todas las recomendaciones y los demás documentos del Comité se publicarán en los idiomas del Comité.

IX. SESIONES

Reuniones públicas y privadas

Artículo 31

1.   Las sesiones del Comité serán privadas, a menos que el Comité decida otra cosa.

2.   Al final de una sesión privada del Comité, el Presidente, si el Comité así lo decide, podrá dar un comunicado por intermedio del Secretario General.

COMENTARIO

Aunque la Comisión Preparatoria había elaborado un proyecto de reglamento relativo a un Comité de Finanzas (LOS/PCN/WP.45/ Rev.2), éste era anterior al Acuerdo de 1994, por lo que debía ser revisado de manera sustancial. Tras la elección del primer Comité de Finanzas en 1996, la Secretaría elaboró un proyecto revisado (ISBA/4/F/WP.1 e ISBA/4/FC/WP.2). El Comité de Finanzas examinó ese proyecto en las sesiones que celebró durante los períodos de sesiones tercero (1997), cuarto (1998) y quinto (1999) de la Autoridad. El Comité aprobó su reglamento el 20 de agosto de 1999.

FUENTES DOCUMENTALES

- COMISIÓN PREPARATORIA

LOS/PCN/WP.45/Rev.2, El Comité de Finanzas, reproducido en: LOS/PCN/153, Vol. V, p. 91-95.

- AIFM

ISBA/4/A/11, Informe presentado por el Secretario General de la Autoridad Internacional de los Fondos Marinos con arreglo al párrafo 4 del artículo 166 de la Convención de las Naciones Unidas sobre el Derecho del Mar, párra. 57, (*Selección de Decisiones 4*, 62).

ISBA/5/A/1 y Corr. 1, Informe presentado por el Secretario General de la Autoridad Internacional de los Fondos Marinos con arreglo al párrafo 4 del artículo 166 de la Convención de las Naciones Unidas sobre el Derecho del Mar, párra. 52, (*Selección de Decisiones 5*, 12).

ISBA/5/A/8-ISBA/5/C/7, Proyecto de presupuesto de la Autoridad Internacional de los Fondos Marinos para el año 2000 y asuntos conexos. Informe del Comité de Finanzas, párra. 10, (*Selección de Decisiones 5*, 22).

ISBA/F/WP.1, Proyecto de reglamento del Comité de Finanzas.

ISBA/4/FC/WP.2, Proyecto de reglamento del Comité de Finanzas.

ISBA/5/FC/1, Reglamento del Comité de Finanzas.

REGLAMENTO RELATIVO A LA COMISIÓN JURÍDICA Y TÉCNICA

REGLAMENTO DE LA COMISIÓN JURÍDICA Y TÉCNICA

Índice

NOTA INTRODUCTORIA

1. El 28 de julio de 1994, la Asamblea General de las Naciones Unidas aprobó el Acuerdo relativo a la aplicación de la Parte XI de la Convención de las Naciones Unidas sobre el Derecho del Mar, de 10 de diciembre de 1982 (en lo sucesivo denominado "el Acuerdo"). El Acuerdo se aplicaba provisionalmente desde el 16 de noviembre de 1994 y entró en vigor el 28 de julio de 1996.

2. De conformidad con el Acuerdo, sus disposiciones y las de la Parte XI de la Convención de las Naciones Unidas sobre el Derecho del Mar, de 10 de diciembre de 1982 (en lo sucesivo denominada "la Convención") deberán interpretarse y aplicarse juntamente como un solo instrumento; el presente reglamento y las referencias a la Convención que en él figuran deberán interpretarse y aplicarse en la forma correspondiente.

3. La Comisión Jurídica y Técnica, establecida en virtud del artículo 163 de la Convención funcionará de conformidad con las disposiciones de la Convención y el Acuerdo.

I. PERÍODOS DE SESIONES

Frecuencia de los períodos de sesiones

Artículo 1

La Comisión Jurídica y Técnica (en lo sucesivo denominada "la Comisión") se reunirá con la frecuencia que requiera el desempeño eficaz de sus funciones, incluso en períodos extraordinarios de sesiones, teniendo presente la necesidad de lograr la eficacia en función del costo.

Lugar de celebración de los períodos de sesiones

Artículo 2

La Comisión se reunirá normalmente en la sede de la Autoridad. Cuando las circunstancias lo justifiquen o los asuntos de la Comisión lo hagan necesario, la Comisión, en consulta con el Secretario General y teniendo presente el párrafo 2 de la sección 1 del anexo del Acuerdo, podrá decidir que se ha de reunir en otro lugar.

Convocación de los períodos de sesiones

Artículo 3

Teniendo en cuenta lo dispuesto en el artículo 1, la Comisión sera convocada a petición de:

(a)   El Consejo;
(b)   La mayoría de los miembros de la Comisión;
(c)   El Presidente de la Comisión; o
(d)   El Secretario General.

Notificación a los miembros

Artículo 4

El Secretario General notificará a la brevedad posible a los miembros de la Comisión y a los miembros de la Autoridad la fecha y duración de cada período de sesiones, y les pedirá que confirmen su asistencia.

Suspensión temporal de los períodos de sesiones

Artículo 5

La Comisión podrá decidir que un período de sesiones sea suspendido temporalmente y reanudado en fecha ulterior.

Sesiones

Artículo 6

Las sesiones de la Comisión serán privadas, a menos que la Comisión decida otra cosa. La Comisión tendrá en cuenta la conveniencia de celebrar sesiones públicas cuando se examinen cuestiones de interés general para los miembros de la Autoridad, que no comprendan el examen de información confidencial.

II. PROGRAMA

Comunicación del programa provisional

Artículo 7

El programa provisional de cada período de sesiones será preparado por el Secretario General y comunicado a los miembros de la Comisión y a los miembros de la Autoridad a la brevedad posible, pero con, por lo menos, treinta días de antelación a la apertura del período de sesiones. Las modificaciones o adiciones ulteriores al programa provisional serán notificadas a los miembros de la Comisión y a los miembros de la Autoridad con antelación suficiente al período de sesiones.

Preparación del programa provisional

Artículo 8

El programa provisional de cada período de sesiones comprenderá:
(a)   Los temas propuestos por el Consejo;
(b)   Los temas propuestos por la Comisión;
(c)   Los temas propuestos por el Presidente de la Comisión;
(d)   Los temas propuestos por un miembro de la Comisión;
(e)   Los temas propuestos por el Secretario General.

Aprobación del programa

Artículo 9

Al comienzo de cada período de sesiones, la Comisión, sobre la base del programa provisional, aprobará el programa del período de sesiones. De ser necesario, la Comisión podrá introducir cambios en el programa en cualquier momento en el curso de un período de sesiones.

III. ELECCIONES Y FUNCIONES

Elecciones

Artículo 10

El Consejo elegirá a los miembros de la Comisión con arreglo a la Convención y a su reglamento.

Conflicto de intereses

Artículo 11

1.   Los miembros de la Comisión no tendrán intereses financieros en ninguna actividad relacionada con la exploración y explotación de la Zona.

2.   Antes de asumir sus funciones, cada miembro de la Comisión hará la siguiente declaración por escrito en presencia del Secretario General o su representante autorizado:

"Declaro solemnemente que cumpliré mis funciones como miembro de la Comisión Jurídica y Técnica honorable y fielmente, y en forma imparcial y diligente.

Declaro además solemnemente y prometo que no tendré intereses financieros en ninguna de las actividades relacionadas con la exploración y la explotación de la Zona. En cumplimiento de las responsabilidades que me incumben como miembro de la Comisión Jurídica y Técnica, no revelaré, ni siquiera después de la terminación de mis funciones, ningún secreto industrial ni información sometida a derecho de propiedad que se transfiera a la Autoridad de conformidad con la Convención y el Acuerdo, ni ninguna otra información de carácter confidencial que llegue a mi conocimiento como consecuencia del desempeño de mis funciones para la Autoridad.

Informaré al Secretario General y a la Comisión sobre cualquier interés en cualquier asunto que esté examinando la Comisión, que pudiera constituir un conflicto de intereses o que pudiera ser incompatible con los requisitos de integridad e imparcialidad que deben cumplir los miembros de la Comisión, y me abstendré de participar en la labor de la Comisión en relación con ese asunto."

Confidencialidad

Artículo 12

1.   Con sujeción a sus obligaciones con la Comisión, los miembros de la Comisión no revelarán, ni siquiera después de la terminación de sus funciones, ningún secreto industrial, ningún dato que sea objeto de derechos de propiedad industrial y se transmita a la Autoridad con arreglo al artículo 14 del anexo III de la Convención, ni cualquier otra información confidencial que llegue a su conocimiento como consecuencia del desempeño de sus funciones.

2.   La Comisión recomendará al Consejo, para su aprobación por éste, los procedimientos para el tratamiento que se dará a los datos y la información de carácter confidencial que llegue a conocimiento de los miembros de la Comisión como consecuencia del desempeño de sus funciones para la Comisión. Esos procedimientos se basarán en las disposiciones pertinentes de la Convención, las normas, los reglamentos y los procedimientos de la Autoridad y los procedimientos establecidos por el Secretario General a ese respecto, a fin de cumplir su responsabilidad de mantener el carácter confidencial de esos datos y esa información.

3.   El deber de los miembros de la Comisión de no revelar información confidencial constituye una obligación respecto de ese miembro, que continuará después de la expiración o terminación de las funciones de ese miembro para la Comisión.

Aplicación de las normas relativas a los conflictos de intereses y a la confidencialidad

Artículo 13

1.　El Secretario General prestará a la Comisión y al Consejo toda la asistencia que sea necesaria para hacer cumplir las normas sobre conflicto de intereses y confidencialidad.

2.　En caso de un supuesto incumplimiento de las obligaciones relativas a los conflictos de intereses y la confidencialidad por uno de los miembros de la Comisión, el Consejo puede establecer procedimientos apropiados y dará a conocer sus conclusiones y recomendaciones.

Desempeño de las funciones

Artículo 14

La Comisión desempeñará sus funciones de conformidad con el presente reglamento y con las orientaciones que establezca en el transcurso del tiempo.

Consultas

Artículo 15

En el desempeño de sus funciones, la Comisión podrá consultar, cuando proceda, a otra comisión, a cualquier órgano competente de las Naciones Unidas y sus organismos especializados o a cualquier organización internacional que tenga competencia en la materia objeto de la consulta.

IV. MESA

Elección y mandato del Presidente

Artículo 16

1.　Cada año, en el primer período de sesiones, la Comisión elegirá entre sus miembros un Presidente y un Vicepresidente.

2.　El Presidente y el Vicepresidente serán elegidos por un período de un año y podrán ser reelegidos.

Presidente interino

Artículo 17

En ausencia del Presidente, lo sustituirá el Vicepresidente. Si el Presidente cesare en su cargo de conformidad con el artículo 18, el Vicepresidente ocupará su lugar hasta la elección de un nuevo Presidente.

Sustitución del Presidente

Artículo 18

Si el Presidente se viere en la imposibilidad de ejercer sus funciones o dejare de ser miembro de la Comisión, se elegirá para el resto del mandato un nuevo Presidente.

Funciones del Presidente

Artículo 19

1.   El Presidente dirigirá las sesiones de la Comisión de conformidad con lo dispuesto en el artículo 29 del presente reglamento, y en tal capacidad representará a ésta en el Consejo cuando se le solicite.

2.   El Presidente, o cualquier otro miembro designado por la Comisión, representará a la Comisión en esa calidad en el Consejo y, por invitación de éste, asistirá a las sesiones del Consejo y responderá a las preguntas que se le hagan cuando el Consejo esté examinando un asunto especialmente pertinente o complejo relacionado con la labor de la Comisión.

3.   Dicha asistencia no impedirá la celebración de sesiones simultáneas del Consejo y la Comisión.

Ejercicio de sus funciones por el Presidente

Artículo 20

El Presidente, en el ejercicio de sus funciones y atribuciones de conformidad con los artículos 19 y 29, quedará supeditado a la autoridad de la Comisión.

V. SECRETARÍA

Funciones del Secretario General

Artículo 21

1.   El Secretario General actuará en calidad de tal en todas las sesiones de la Comisión. Podrá designar a un funcionario de la Secretaría para que actúe como representante suyo. Desempeñará las demás funciones administrativas que la Comisión le encomiende.

2.   El Secretario General, teniendo en cuenta en todo lo posible los principios de economía y eficiencia, proporcionará y dirigirá el personal necesario para la Comisión y estará encargado de adoptar las disposiciones que sean necesarias para las sesiones de ésta.

3.   El Secretario General mantendrá informados a los miembros de la Comisión de las cuestiones que examinen otros órganos de la Autoridad y puedan revestir interés para ella.

4.   El Secretario General proporcionará a la Comisión, previa solicitud de ésta, informes sobre las cuestiones que ella especifique.

Funciones de la Secretaría

Artículo 22

La Secretaría recibirá, traducirá, reproducirá y distribuirá las recomendaciones, los informes y otros documentos de la Comisión, interpretará los discursos pronunciados en las sesiones, preparará y distribuirá las actas del período de sesiones, si así lo decide la Comisión de conformidad con el artículo 23, custodiará y conservará debidamente los documentos en los archivos de la Comisión y, en general, realizará las demás funciones administrativas que la Comisión le encomiende.

Actas y grabaciones sonoras de las sesiones

Artículo 23

1.   La Comisión podrá decidir que se levanten actas resumidas de sus sesiones; en todo caso, todas las decisiones adoptadas por la Comisión se incluirán debidamente en las actas publicadas de la Comisión. Por regla general, estas actas serán distribuidas lo antes posible y a todos los miembros de la Comisión, quienes deberán informar a la Secretaría, dentro de los cinco días hábiles siguientes a la distribución del acta resumida, de las correcciones que deseen introducir en ella.

2.   La Secretaría hará y conservará grabaciones sonoras de las sesiones de la Comisión cuando ésta lo decida.

VI. IDIOMAS

Idiomas de la Comisión

Artículo 24

El árabe, el chino, el español, el francés, el inglés y el ruso serán los idiomas de la Comisión.

Interpretación

Artículo 25

Los discursos que se pronuncien en uno de los seis idiomas de la Comisión se interpretarán en los otros cinco idiomas.

Interpretación de un idioma distinto de los idiomas de la Comisión

Artículo 26

Cualquier miembro podrá pronunciar un discurso en un idioma distinto de los idiomas de la Comisión. En ese caso, el miembro proporcionará interpretación en uno de los idiomas de la Comisión. La interpretación en los otros idiomas de la Comisión por los intérpretes de la Secretaría podrá basarse en la interpretación de ese primer idioma.

Idiomas de las recomendaciones y los informes

Artículo 27

Todas las recomendaciones y los informes de la Comisión se publicarán en los idiomas de la Comisión.

VII. DIRECCIÓN DE LOS DEBATES

Quórum

Artículo 28

La mayoría de los miembros de la Comisión constituirá quórum.

Atribuciones del Presidente

Artículo 29

El Presidente, además de ejercer las atribuciones que le confieren otras disposiciones del presente reglamento, abrirá y levantará cada una de las sesiones de la Comisión, dirigirá los debates, velará por la aplicación del presente reglamento, concederá la palabra, someterá a votación los asuntos y proclamará las decisiones. Dirimirá las cuestiones de orden y, con sujeción al presente reglamento, tundra plena autoridad para dirigir las deliberaciones de la Comisión y para mantener el orden en las sesiones. El Presidente podrá, en el curso del debate sobre un tema, proponer a la Comisión que se limite la duración de las intervenciones o el número de intervenciones de cada miembro sobre un asunto y se cierren la lista de oradores o el debate. También podrá proponer que se suspenda o levante la sesión o se aplace el debate sobre el asunto que se esté examinando.

Uso de la palabra

Artículo 30

El Presidente concederá la palabra a los oradores en el orden en que hayan manifestado su deseo de hacer uso de ella. El Presidente podrá llamar al orden a un orador cuando sus observaciones no sean pertinentes al tema que se esté examinando.

Exposiciones de la Secretaría

Artículo 31

El Secretario General, o un funcionario de la Secretaría designado por él como representante suyo, podrá hacer en cualquier momento exposiciones orales o escritas a la Comisión acerca de cualquier cuestión que esté examinando.

Cuestiones de orden

Artículo 32

Durante el examen de un asunto, cualquier miembro podrá plantear una cuestión de orden y el Presidente la dirimirá de inmediato con arreglo al presente reglamento. Cualquier miembro podrá apelar la decisión del Presidente. La apelación será sometida inmediatamente a votación y la decisión del Presidente prevalecerá a menos que la apelación sea aprobada por la mayoría de los miembros presentes y votantes. El miembro que plantee una cuestión de orden no podrá referirse al fondo de la cuestión que se esté examinando.

Duración de las intervenciones

Artículo 33

La Comisión podrá limitar la duración de las intervenciones de cada orador y el número de intervenciones de cada miembro sobre un mismo asunto. Antes de que se adopte una decisión, podrán hacer uso de la palabra dos miembros a favor y dos en contra de la propuesta de limitación. Cuando los debates estén limitados y un miembro se exceda del tiempo asignado, el Presidente lo llamará inmediatamente al orden.

Cierre de la lista de oradores

Artículo 34

En el curso de un debate, el Presidente podrá dar lectura a la lista de oradores y, con el consentimiento de la Comisión, declararla cerrada. Sin embargo, el Presidente podrá otorgar a un miembro el derecho de respuesta si un discurso pronunciado después de cerrada la lista lo hiciera aconsejable.

Aplazamiento del debate

Artículo 35

Durante el examen de un asunto, cualquier miembro podrá proponer que se aplace el debate sobre el tema que se esté examinando. Además del autor de la moción, podrán hacer uso de la palabra dos miembros en favor de ella y dos en contra, tras lo cual la moción será sometida inmediatamente a votación. El Presidente podrá limitar la duración de las intervenciones en relación con el presente artículo.

Cierre del debate

Artículo 36

Un miembro podrá proponer en cualquier momento el cierre del debate sobre el asunto que se esté examinando, aun cuando otro miembro haya manifestado su deseo de hablar. La autorización para hacer uso de la palabra sobre la moción será concedida solamente a dos miembros que se opongan al cierre, tras lo cual la moción será sometida inmediatamente a votación. Si la Comisión aprobare la moción, el Presidente declarará cerrado el debate. El Presidente podrá limitar la duración de las intervenciones en relación con el presente artículo.

Suspensión o levantamiento de la sesión

Artículo 37

Durante el examen de un asunto, cualquier miembro podrá proponer que se suspenda o se levante la sesión. Tales mociones se someterán inmediatamente a votación sin debate. El Presidente podrá limitar la duración de la intervención del orador que proponga la suspensión o el levantamiento de la sesión.

Orden de las mociones de procedimiento

Artículo 38

A reserva de lo dispuesto en el artículo 32, las siguientes mociones tendrán preferencia, en el orden que a continuación se indica, sobre todas las demás propuestas o mociones formuladas antes de la sesión:

(a) Suspensión de la sesión;

(b) Levantamiento de la sesión;

(c) Aplazamiento del debate sobre el asunto que se esté examinando;

(d) Cierre del debate sobre el asunto que se esté examinando.

Propuestas y enmiendas

Artículo 39

Normalmente, las propuestas y las enmiendas deberán ser presentadas por escrito al Secretario General, quien distribuirá su texto a los miembros de la Comisión. Por regla general, ninguna propuesta será examinada o sometida a votación en sesión de la Comisión sin que haya sido distribuida a los miembros a más tardar 24 horas antes de la sesión. Sin embargo, el Presidente podrá permitir el debate y el examen de enmiendas o mociones de procedimiento aun cuando no hayan sido distribuidas o lo hayan sido el mismo día.

Decisiones sobre cuestiones de competencia

Artículo 40

A reserva de lo dispuesto en el artículo 38, toda moción que requiera una decisión sobre la competencia de la Comisión para adoptar una propuesta que le haya sido presentada será sometida a votación antes de que se adopte una decisión sobre la propuesta de que se trate.

Retiro de propuestas y mociones

Artículo 41

El autor de una propuesta o moción podrá retirarla en cualquier momento antes de que se haya iniciado la votación, a condición de que no haya sido objeto de una enmienda. La propuesta o moción retirada podrá ser presentada de nuevo por otro miembro.

Nuevo examen de propuestas

Artículo 42

Cuando una propuesta haya sido aprobada o rechazada, no podrá ser examinada de nuevo en el mismo período de sesiones a menos que la Comisión lo decida por mayoría de dos tercios de los miembros presentes y votantes. La autorización para hacer uso de la palabra sobre una moción de nuevo examen será concedida solamente a dos oradores que se opongan a dicha moción, tras lo cual será sometida inmediatamente a votación.

VIII. ADOPCIÓN DE DECISIONES

Derecho de voto

Artículo 43

Cada miembro de la Comisión tendrá un voto.

Adopción de decisiones por consenso y por votación

Artículo 44

1.   Como regla general, las decisiones de la Comisión serán adoptadas por consenso.

2.   Si todos los intentos de adoptar una decisión por consenso se hubieren agotado, las decisiones serán adoptadas por mayoría de los miembros presentes y votantes.

3.   A los efectos del presente artículo, por consenso se entenderá la ausencia de objeción formal.

Significado de la expresión "miembros presentes y votantes"

Artículo 45

A los efectos del presente reglamento se entenderá que la expression "miembros presentes y votantes" significa los miembros que estén presents en la sesión y voten a favor o en contra. Los miembros que se abstengan de votar serán considerados no votantes.

Recomendaciones al Consejo

Artículo 46

Las recomendaciones al Consejo irán acompañadas, cuando sea necesario, de un resumen de las divergencias de opinión que haya habido en la Comisión.

Procedimiento de votación

Artículo 47

1.   Cuando no se disponga de sistema mecánico para la votación, las votaciones de la Comisión se harán levantando la mano, pero cualquier miembro podrá pedir votación nominal. La votación nominal se efectuará siguiendo el orden alfabético inglés de los nombres de los miembros que participen en el período de sesiones, comenzando por el miembro cuyo nombre sea sacado a suerte por el Presidente. En las votaciones nominales, se anunciará el nombre de cada uno de los miembros y el miembro contestará "sí", "no" o "abstención". El resultado de la votación se consignará en el acta siguiendo el orden alfabético inglés de los nombres de los miembros.

2.   Cuando la Comisión efectúe votaciones haciendo uso del sistema mecánico, la votación no registrada sustituirá a la que se hace levantando la mano y la votación registrada sustituirá a la votación nominal. Cualquier miembro podrá pedir votación registrada. En las votaciones registradas la Comisión prescindirá del procedimiento de anunciar los nombres de los miembros, a menos que un representante lo pida; no obstante, el resultado de la votación se consignará en el acta de la misma manera que en las votaciones nominales.

Normas que deben observarse durante la votación

Artículo 48

Una vez que el Presidente haya anunciado el comienzo de la votación, ésta no podrá ser interrumpida, salvo que lo haga un miembro para plantear una cuestión de orden relativa a la forma en que se esté efectuando la votación.

Explicación de voto

Artículo 49

Los miembros podrán, antes de que comience una votación o después de terminada, hacer breves declaraciones que consistan únicamente en explicaciones de voto. El miembro que patrocine una propuesta o moción no hará uso de la palabra para explicar su voto sobre ella, salvo que haya sido enmendada.

División de propuestas y enmiendas

Artículo 50

Cualquier miembro podrá pedir que las partes de una propuesta o de una enmienda sean sometidas a votación separadamente. Si algún miembro se opone a la moción de división, ella será sometida a votación. Únicamente podrán hacer uso de la palabra respecto de una moción de división dos oradores que estén a favor y dos que se opongan. Si la moción de división es aceptada, las partes de la propuesta o enmienda que sean aprobadas serán sometidas a votación en conjunto. Si todas las partes dispositivas de una propuesta o enmienda son rechazadas, se considerará que la propuesta o enmienda ha sido rechazada en su totalidad.

Orden de votación de las enmiendas

Artículo 51

Cuando se presente una enmienda a una propuesta, se votará primero la enmienda. Cuando se presenten dos o más enmiendas a una propuesta, la Comisión votará primero la que se aparte más, en cuanto al fondo, de la propuesta original, votará enseguida la enmienda que después de la votada anteriormente se aparte más de dicha propuesta y así sucesivamente hasta que se hayan sometido a votación todas las enmiendas. Sin embargo, cuando la aprobación de una enmienda implique necesariamente el rechazo de otra, esta última no será sometida a votación. Si se aprueban una o más de las enmiendas, se someterá a votación la propuesta modificada. Se considerará que una moción es una enmienda a una propuesta si solamente entraña una adición o supresión o una modificación de parte de dicha propuesta.

Orden de votación de las propuestas

Artículo 52

Si dos o más propuestas se refieren a la misma cuestión, la Comisión, a menos que decida otra cosa, las someterá a votación en el orden en que hubieran sido presentadas. Después de la votación de una propuesta, la Comisión podrá decidir si procede o no someter a votación la siguiente.

IX. PARTICIPACIÓN DE NO MIEMBROS DE LA COMISIÓN

Participación de miembros de la Autoridad y de entidades que realicen actividades en la Zona

Artículo 53

1.   Cualquier miembro de la Autoridad podrá, con autorización de la Comisión, enviar a un representante suyo para que asista a una sesión de la Comisión cuando ésta examine una cuestión que concierna particularmente a ese miembro. A fin de facilitar la labor de la Comisión, se autorizará a dicho representante a expresar su posición acerca de la cuestión de su interés que esté examinando la Comisión.

2.   A efectos de consulta y colaboración, la Comisión podrá invitar a un Estado o entidad que realice actividades en la Zona cuando la Comisión lo considere adecuado.

3.   A petición de cualquier miembro de la Autoridad o de otra parte interesada, acompañará a los miembros de la Comisión durante el desempeño de sus funciones de supervisión e inspección un representante de dicho miembro de la Autoridad o de dicha parte interesada.

4.   Cualquier miembro de la Autoridad podrá pedir al Secretario General que convoque una sesión de la Comisión para examinar una cuestión relativa a una emergencia ambiental que preocupe particularmente a dicho miembro. El Secretario General convocará a la Comisión, que examinará con urgencia dicha cuestión e informará lo antes posible al Consejo de sus conclusiones y recomendaciones. Cualquier miembro interesado en dicho asunto tendrá derecho a enviar un representante a la sesión de la Comisión a fin de expresar su opinion sobre el asunto, sin participar en la adopción de la decisión, aunque la Comisión podrá limitar su participación en algunas etapas en que se debata información confidencial.

Entrada en vigor

Artículo 54

El presente reglamento entrará en vigor en la fecha de su aprobación por el Consejo.

COMENTARIO

La Comisión Preparatoria había elaborado un proyecto de reglamento de la Comisión Jurídica y Técnica (LOS/PCN/WP.31/Rev.3). No obstante, como sucedió con los reglamentos de otros órganos de la Autoridad, fue preciso modificarlo para que estuviera de conformidad con las disposiciones del Acuerdo.

Tras la elección de la primera Comisión Jurídica y Técnica en 1996, ésta examinó un proyecto revisado de reglamento elaborado por la Secretaría (ISBA/3/LTC/WP.3). La Comisión finalizó sus trabajos sobre el proyecto en la continuación del cuarto período de sesiones de la Autoridad (agosto de 1998) y, el 26 de agosto de 1998, aprobó un texto revisado oficioso que se presentó al Consejo en el quinto período de sesiones de la Autoridad para su aprobación según lo dispuesto en el párrafo 10 del artículo 163 de la Convención.

En el quinto período de sesiones (1999), el Consejo examinó el proyecto de reglamento de la Comisión Jurídica y Técnica propuesto por ésta (ISBA/5/C/L.1). Tras un examen detallado del proyecto, la Secretaría preparó un texto revisado para que el Consejo lo siguiera examinando (ISBA/5/C/L.1/Rev.1). Tras el examen ulterior del proyecto, en su 58ª sesión, celebrada el 26 de agosto de 1999, el Consejo aprobó el reglamento que figura en el documento ISBA/5/C/L.1/Rev.2, con excepción de los artículos 6 (sesiones) y 53 (participación de los miembros de la Autoridad y de las entidades que realicen actividades en la Zona), que siguieron siendo examinados en el sexto período de sesiones de la Autoridad.

En el sexto período de sesiones (2000), tras la discusión de los artículos pendientes, se redactó un texto revisado del reglamento (ISBA/6/C/L.4). En su 68ª sesión, celebrada el 13 de julio de 2000, el Consejo aprobó el reglamento de la Comisión Jurídica y Técnica, tal como figura en el documento ISBA/6/C/9.

FUENTES DOCUMENTALES

- COMISIÓN PREPARATORIA

LOS/PCN/WP.31/Rev.3, Proyecto definitivo de reglamento de la Comisión Jurídica y Técnica de la Autoridad Internacional de los Fondos Marinos, reproducido en: LOS/PCN/153, Vol. V, p. 59-74.

- AIFM

ISBA/4/A/11, Informe presentado por el Secretario General de la Autoridad Internacional de los Fondos Marinos con arreglo al párrafo 4 del artículo 166 de la Convención de las Naciones Unidas sobre el Derecho del Mar, párra. 57, (*Selección de Decisiones 4*, 62).

ISBA/5/A/1 y Corr. 1, Informe presentado por el Secretario General de la Autoridad Internacional de los Fondos Marinos con arreglo al párrafo 4 del artículo 166 de la Convención de las Naciones Unidas sobre el Derecho del Mar, párra. 52, (*Selección de Decisiones 5*, 12).

ISBA/6/A/9, Informe presentado por el Secretario General de la Autoridad Internacional de los Fondos Marinos con arreglo al párrafo 4 del artículo 166 de la Convención de las Naciones Unidas sobre el Derecho del Mar, párra. 5, (*Selección de Decisiones 6*, 14).

ISBA/4/C/14, Declaración del Presidente sobre la labor del Consejo durante la continuación de su cuarto período de sesiones, párra. 7, (*Selección de Decisiones 4*, 77).

ISBA/5/C/L.1, Proyecto de reglamento de la Comisión Jurídica y Técnica. Propuesto por la Comisión Jurídica y Técnica.

ISBA/5/C/L.1/Rev.1, Proyecto revisado de reglamento de la Comisión Jurídica y Técnica. Propuesto por la Comisión Jurídica y Técnica.

ISBA/5/C/L.1/Rev.2, Proyecto revisado de reglamento de la Comisión Jurídica y Técnica. Propuesto por la Comisión Jurídica y Técnica.

ISBA/5/C/11, Declaración del Presidente sobre la labor del Consejo durante el quinto período de sesiones, párra. 15, (*Selección de Decisiones 5*, 52).

ISBA/6/C/3, Declaración del Presidente sobre la labor realizada por el Consejo en el sexto período de sesiones, párras. 6 y 8, (*Selección de Decisiones 6*, 73-74).

ISBA/6/C/9, Decisión del Consejo de la Autoridad sobre el reglamento de la Comisión Jurídica y Técnica, (*Selección de Decisiones 6*, 75-85).

ISBA/6/C/13, Declaración del Presidente sobre la labor realizada por el Consejo en la continuación del sexto período de sesiones, párra. 4, (*Selección de Decisiones 6*, 89).

ISBA/6/C/L.4, Proyecto de decisión del Consejo de la Autoridad sobre el reglamento de la Comisión Jurídica y Técnica.

ISBA/3/LTC/WP.3, Proyecto de reglamento de la Comisión Jurídica y Técnica.

DECISIÓN DEL CONSEJO DE LA AUTORIDAD INTERNACIONAL DE LOS FONDOS MARINOS SOBRE EL FUTURO TAMAÑO Y COMPOSICIÓN DE LA COMISIÓN JURÍDICA Y TÉCNICA Y PROCEDIMIENTO A SEGUIR EN LAS FUTURAS ELECCIONES DE SUS MIEMBROS[1]

El Consejo de la Autoridad Internacional de los Fondos Marinos,

Recordando lo dispuesto en el artículo 163 de la Convención de las Naciones Unidas sobre el Derecho del Mar, en particular el requisito de que la Comisión Jurídica y Técnica esté constituida por 15 miembros elegidos por el Consejo entre los candidatos propuestos por los Estados Partes, y de que, si es necesario, el Consejo podrá decidir aumentar el número de miembros de la Comisión teniendo debidamente en cuenta las exigencias de economía y eficiencia,

Recordando también lo dispuesto en el párrafo 1 del artículo 165 de la Convención, en que se establece que los miembros de la Comisión Jurídica y Técnica poseerán las calificaciones apropiadas en materia de exploración, explotación y tratamiento de minerales, oceanología, protección del medio marino, o asuntos económicos o jurídicos relativos a la minería marina y otras esferas conexas,

1. *Decide* que el procedimiento relativo a la postulación de candidatos para futuras elecciones de la Comisión Jurídica y Técnica será como sigue:

   a) Como mínimo seis meses antes de la apertura del período de sesiones de la Autoridad Internacional de los Fondos Marinos en que deba celebrarse la elección, el Secretario General enviará una invitación por escrito a todos los miembros de la Autoridad a fin de que postulen candidatos para la elección de miembros de la Comisión;

   b) Las propuestas de candidatos para la elección de miembros de la Comisión irán acompañadas de una declaración de calificaciones o un currículum vítae en que se enuncien las calificaciones y conocimientos especializados del candidato en ámbitos relacionados con la labor de la Comisión, que deberán recibirse, no menos de tres meses antes de la apertura del período

---

[1] ISBA/13/C/6.

de sesiones pertinente de la Autoridad; no se aceptarán las propuestas que se reciban menos de tres meses antes de la apertura del período de sesiones pertinente de la Autoridad;

c)   El Secretario General preparará una lista por orden alfabético de los candidatos propuestos para la elección como miembros de la Comisión de conformidad con lo dispuesto en el apartado a) *supra*, en que se indicará el miembro de la Autoridad que haya presentado la propuesta y que incluirá un anexo con la declaración de calificaciones o el currículum vítae presentados conforme a lo dispuesto en el apartado b) *supra*; la lista se distribuirá a todos los miembros de la Autoridad, con no menos de dos meses de antelación a la apertura del período de sesiones en que vaya a celebrarse la elección;

2.   *Pide* al Secretario General que, teniendo en cuenta la opinión de la presidencia de la Comisión Jurídica y Técnica, presente un informe al Consejo para su examen en 2010 sobre el funcionamiento de la Comisión, con miras a que el Consejo decida en 2010 el número de miembros de la Comisión que se han de elegir en 2011.

COMENTARIO

Para las elecciones periódicas de los miembros de la Comisión en 1996, 2001 y 2006, el procedimiento fue que el Consejo aprobó todas las candidaturas que se habían presentado. Sin embargo, la presentación tardía de candidaturas hizo difícil la evaluación de los candidatos por el Consejo. En la segunda elección de la Comisión en 2001, el Consejo pidió que las propuestas de candidatos se presentasen al Secretario General dentro de los dos meses siguientes a la apertura del período de sesiones en el que tendría lugar la elección, con objeto de que el Consejo tuviese tiempo suficiente para examinarlas. Para la elección de 2006 se siguió el mismo procedimiento. A pesar de la petición del Consejo, muchas propuestas de candidaturas se recibieron con menos de dos meses de antelación a la elección. Sin embargo, a falta de una decisión firme del Consejo sobre una fecha límite para presentar las propuestas de candidaturas, el Secretario General consideró que carecía de discreción para rechazar las presentadas con retraso. A raíz de la elección de 2006, el Consejo pidió al Secretario General que preparase una nota sobre el futuro tamaño y composición de la Comisión Jurídica y Técnica y el procedimiento a seguir en las futuras elecciones de sus miembros para que la examinase en 2007.

En el 13° período de sesiones de la Autoridad en 2007, el Consejo tomó nota del informe en cuestión, en el que se recomendaba que el

Consejo considerase la posibilidad de aprobar directrices claras para la celebración de elecciones que tomasen como modelo las disposiciones pertinentes relativas al procedimiento para la elección de magistrados que figuran en el Estatuto del Tribunal Internacional del Derecho del Mar. El 18 de julio de 2007, el Consejo acordó que era necesario racionalizar el procedimiento para las elecciones futuras con objeto de evitar algunas de las dificultades que se habían planteado en las elecciones anteriores. El Consejo acordó un procedimiento relativo a la postulación de candidatos para futuras elecciones y su decisión figura en el documento ISBA/13/C/6. Como mínimo seis meses antes de la apertura del período de sesiones en que deba celebrarse la elección para la Comisión, el Secretario General envía una invitación por escrito a los miembros de la Autoridad a fin de que postulen candidatos, adjuntando sus currículum vitae, en un plazo de tres meses e indica que no se aceptarán las propuestas que se reciban fueran de ese plazo. La lista de los candidatos propuestos con sus currículum vitae se distribuye entonces a los miembros de la Autoridad, con no menos de dos meses de antelación a la apertura del período de sesiones en que vaya a celebrarse la elección.

En sus sesiones 152ª y 153ª, celebradas los días 29 y 30 de abril de 2010, el Consejo recordó su decisión ISBA/13/C/6 y acordó que se aplicasen estrictamente los procedimientos racionalizados.

El Consejo tuvo la primera oportunidad de aplicar su decisión ISBA/13/C/6 en el 17° período de sesiones celebrado en 2011 con la elección de los miembros de la Comisión para el período 2012-2016. Los miembros del Consejo lamentaron que algunas propuestas de candidatos no se hubiesen presentado dentro de plazo, si bien, el Consejo advirtió que el número total de candidatos para la elección era inferior a 25, como se había acordado en 2010. Sin embargo, los miembros del Consejo pusieron de relieve la importancia de que en futuras elecciones se sigan estrictamente los procedimientos acordados que se enunciaron en la decisión ISBA/13/C/6.

FUENTES DOCUMENTALES

- AIFM

ISBA/7/C/7, Declaración del Presidente sobre la labor realizada por el Consejo en su séptimo período de sesiones, párra. 6, (*Selección de Decisiones 7*, 38).

ISBA/11/C/11, Declaración del Presidente sobre la labor realizada por el Consejo durante el undécimo período de sesiones, párra. 11, (*Selección de Decisiones 11*, 49).

ISBA/12/C/11, Decisión del Consejo relativa a la elección de los miembros de la Comisión Jurídica y Técnica, (*Selección de Decisiones 12*, 43-44).

ISBA/13/A/7, Declaración del Presidente sobre la labor de la Asamblea en su 13° período de sesiones, párra. 11, (*Selección de Decisiones 13*, 33).

ISBA/13/C/2, Consideraciones relacionadas con el futuro tamaño y composición de la Comisión Jurídica y Técnica y procedimiento a seguir en las futuras elecciones de sus miembros.

ISBA/13/C/6, Decisión del Consejo de la Autoridad Internacional de los Fondos Marinos sobre el futuro tamaño y composición de la Comisión Jurídica y Técnica y procedimiento a seguir en las futuras elecciones de sus miembros, (*Selección de Decisiones 13*, 44-45).

ISBA/13/C/7, Declaración del Presidente sobre la labor del Consejo durante el 13° período de sesiones, párras. 7-8, (*Selección de Decisiones 13*, 46-47).

ISBA/16/C/3, Consideraciones acerca del funcionamiento de la Comisión Jurídica y Técnica, (*Selección de Decisiones 16*, 89-93).

ISBA/16/C/7, Informe resumido del Presidente de la Comisión Jurídica y Técnica sobre la labor de la Comisión en el 16° período de sesiones, párras. 25-26, (*Selección de Decisiones 16*, 117).

ISBA/16/C/14*, Declaración del Presidente del Consejo de la Autoridad Internacional de los Fondos Marinos sobre la labor del Consejo en el 16° período de sesiones, párras. 11-13, (*Selección de Decisiones 16,* 123).

ISBA/17/C/21*, Declaración del Presidente del Consejo de la Autoridad Internacional de los Fondos Marinos sobre la labor realizada por el Consejo en su 17° período de sesiones, párras. 17-19, (*Selección de Decisiones 17*, 119).

B - REGLAMENTO FINANCIERO DE LA AUTORIDAD INTERNACIONAL DE LOS FONDOS MARINOS

Índice

NOTA INTRODUCTORIA

La Convención de las Naciones Unidas sobre el Derecho del Mar entró en vigor el 16 de noviembre de 1994. El 28 de julio de 1994, la Asamblea General de las Naciones Unidas aprobó el Acuerdo relativo a la aplicación de la Parte XI de la Convención de las Naciones Unidas sobre el Derecho del Mar de 10 de diciembre de 1982. El Acuerdo, que se ha aplicado provisionalmente desde el 16 de noviembre de 1994, entró en vigor el 28 de julio de 1996.

De conformidad con el Acuerdo, sus disposiciones y la Parte XI de la Convención deberán ser interpretadas y aplicadas en forma conjunta como un solo instrumento; el presente Reglamento y las referencias que en él se hacen a la Convención deberán ser interpretados y aplicados de igual manera.

Será necesario introducir ajustes y adiciones al presente Reglamento cuando la Autoridad tenga ingresos suficientes para solventar sus gastos administrativos con cargo a fuentes distintas de las cuotas de sus miembros.

Ámbito de aplicación

Artículo 1

1.1 El presente Reglamento regirá la gestión financiera de la Autoridad Internacional de los Fondos Marinos.

1.2 A los efectos del presente Reglamento:

(a) Por "Acuerdo" se entenderá el Acuerdo relativo a la aplicación de la Parte XI de la Convención de las Naciones Unidas sobre el Derecho del Mar de 10 de diciembre de 1982;

(b) Por "Autoridad" se entenderá la Autoridad Internacional de los Fondos Marinos;

(c) Por "Convención" se entenderá la Convención de las Naciones Unidas sobre el Derecho del Mar de 10 de diciembre de 1982;

(d) Por "miembros de la Autoridad" se entenderá:

(i) Los Estados Partes en la Convención; y

(ii) Los miembros provisionales;

(e) Por "Secretario General" se entenderá el Secretario General de la Autoridad Internacional de los Fondos Marinos.

El ejercicio económico

Artículo 2

2.1 El ejercicio económico constará de dos años civiles consecutivos.

El presupuesto

Artículo 3

3.1 El proyecto de presupuesto correspondiente a cada ejercicio económico será preparado por el Secretario General.

3.2 El proyecto de presupuesto comprenderá los ingresos y gastos correspondientes al ejercicio económico al cual se refiera y las cifras se expresarán en dólares de los Estados Unidos.

3.3 El proyecto de presupuesto se dividirá en títulos y secciones y, cuando corresponda, programas. El proyecto de presupuesto irá acompañado de los anexos de información y de las exposiciones explicativas que sean necesarios para su examen, incluida una exposición de los principales cambios en su contenido, en relación con el presupuesto del ejercicio económico anterior, así como de sus programas cuando corresponda, y de los demás anexos o exposiciones que el Secretario General considere útiles y necesarios.

3.4 En el segundo año de cada ejercicio económico, el Secretario General presentará un proyecto de presupuesto para el ejercicio económico siguiente al Consejo, el cual lo presentará a la Asamblea, junto con sus recomendaciones al respecto. El Secretario General transmitirá el proyecto de presupuesto a los miembros del Comité de Finanzas con cuarenta y cinco días de antelación, por lo menos, a la sesión del Comité de Finanzas en la que deba examinarse. El proyecto de presupuesto será transmitido a todos los miembros de la Autoridad con cuarenta y cinco días de antelación, por lo menos, a la apertura del período de sesiones del Consejo y de la Asamblea.

3.5 El Comité de Finanzas preparará, para que lo examine el Consejo, un informe sobre el proyecto de presupuesto presentado por el Secretario General que contendrá las recomendaciones del Comité de Finanzas.

3.6 El Consejo examinará el informe del Comité de Finanzas y presentará el proyecto de presupuesto a la Asamblea, con las recomendaciones que estime convenientes. La Asamblea examinará y aprobará el presupuesto para el siguiente ejercicio económico que le haya presentado el Consejo en la inteligencia de que los créditos para el presupuesto del ejercicio económico se consignarán anualmente de conformidad con lo dispuesto en la Convención.

3.7 En las decisiones de la Asamblea y del Consejo sobre el presupuesto administrativo de la Autoridad se tendrán en cuenta las recomendaciones del Comité de Finanzas.

3.8 El Secretario General podrá presentar proyectos de presupuesto suplementario cuando circunstancias excepcionales lo hagan necesario.

3.9 Los proyectos de presupuesto suplementario se prepararán en una forma que esté en consonancia con el presupuesto aprobado. En la medida de lo posible, las disposiciones del presente Reglamento serán aplicables al proyecto de presupuesto suplementario. En las decisiones del Consejo y de la Asamblea sobre el proyecto de presupuesto suplementario presentado por el Secretario General se tendrán en cuenta las recomendaciones del Comité de Finanzas.

3.10 El Secretario General podrá contraer compromisos de gastos para ejercicios económicos futuros, siempre que dichos compromisos no afecten al presupuesto en curso y:

(a) Correspondan a actividades que hayan sido aprobadas por el Consejo o la Asamblea y que, previsiblemente, hayan de proseguir con posterioridad al término del ejercicio económico en curso; o

(b) Hayan sido autorizados por decisiones expresas del Consejo o de la Asamblea.

Consignaciones de créditos

Artículo 4

4.1 Las consignaciones de créditos aprobadas por la Asamblea constituirán una autorización en virtud de la cual el Secretario General podrá contraer obligaciones y efectuar pagos en relación con los fines para los cuales se aprobaron las consignaciones y sin rebasar el importe de las sumas así aprobadas.

4.2 Las consignaciones estarán disponibles para cubrir obligaciones durante el ejercicio económico para el cual hayan sido aprobadas.

4.3 Las consignaciones permanecerán disponibles por un plazo de doce meses, a contar de la fecha del cierre del ejercicio económico para el cual fueron aprobadas, en la medida necesaria para saldar obligaciones relativas a bienes suministrados y servicios prestados durante el ejercicio económico y para liquidar cualquier otra obligación legal pendiente del ejercicio económico. El saldo de las consignaciones se anulará.

4.4 Al expirar el plazo de doce meses previsto en el párrafo 4.3 supra, se anulará el saldo entonces pendiente de cualquier consignación cuya disponibilidad se haya extendido. Toda obligación por liquidar del ejercicio económico de que se trate se cancelará en ese momento o, si conserva su validez, se transferirá como obligación pagadera con cargo a las consignaciones para el ejercicio económico en curso.

4.5 Las transferencias de fondos entre secciones de créditos consignados sólo se podrán efectuar en la medida autorizada por la Asamblea.

4.6 El Secretario General administrará de manera prudente las consignaciones aprobadas para un ejercicio económico, teniendo en cuenta la disponibilidad de saldos en efectivo.

Fondos

Artículo 5

5.1 Se establecerá un fondo administrativo general con el fin de contabilizar los gastos administrativos de la Autoridad. Las cuotas pagadas por los miembros de la Autoridad con arreglo a los incisos a) y b) del párrafo 6.1, los ingresos de la Empresa, los ingresos diversos y cualquier anticipo hecho con cargo al fondo de operaciones para cubrir gastos administrativos se acreditarán al fondo administrativo general.

5.2 Se establecerá un fondo de operaciones en la cantidad y para los fines que determine de tiempo en tiempo la Asamblea. El fondo de operaciones se financiará mediante anticipos de los miembros de la Autoridad hasta que ésta tenga ingresos suficientes de otras fuentes para cubrir sus gastos administrativos, y esos anticipos, aportados con arreglo a una escala basada en la empleada para el presupuesto ordinario de las Naciones Unidas o, en el caso de las organizaciones internacionales, según lo disponga la Autoridad, se acreditarán a favor de los miembros que los hayan hecho.

5.3 Los anticipos hechos con cargo al fondo de operaciones para financiar consignaciones presupuestarias se reembolsarán al fondo en cuanto haya ingresos disponibles para ese fin.

5.4 Los ingresos procedentes de inversiones del fondo de operaciones se acreditarán en la cuenta de ingresos diversos.

5.5 El Secretario General podrá establecer fondos fiduciarios, cuentas de reserva y cuentas especiales y deberá informar al respecto al Comité de Finanzas.

5.6 El órgano competente de la Autoridad definirá con claridad la finalidad y los límites de cada fondo fiduciario, cuenta de reserva o cuenta especial. Tales fondos y cuentas se administrarán con arreglo al presente Reglamento, a menos que la Asamblea disponga otra cosa.

5.7 Los fondos de la Autoridad se destinarán en primer lugar a sufragar los gastos administrativos de ésta. Con excepción de las cuotas a que se hace referencia en los incisos a) y b) del párrafo 6.1, los fondos que queden después de pagar los gastos administrativos podrán, entre otras cosas:

(a) Repartirse de conformidad con el artículo 140 y el párrafo 2 g) del artículo 160 de la Convención;

(b) Utilizarse para proporcionar fondos a la Empresa de conformidad con el párrafo 4 del artículo 170 de la Convención; y

(c) Destinarse al fondo de asistencia económica a que se hace referencia en el párrafo 1 a) de la sección 7 del anexo del Acuerdo[1].

5.8 Se establecerá un fondo de asistencia económica de conformidad con el párrafo 1 a) de la sección 7 del anexo del Acuerdo. El Consejo fijará de tiempo en tiempo la cuantía destinada a esta finalidad, previa recomendación del Comité de Finanzas. Únicamente se acreditarán al fondo de asistencia económica los fondos provenientes de los pagos hechos por contratistas, incluida la Empresa, y las contribuciones voluntarias, tras haber cubierto los gastos administrativos de la Autoridad[2].

Provisión de fondos

Artículo 6

6.1 Los fondos de la Autoridad comprenderán:

(a) Las cuotas de los Estados miembros de la Autoridad;

(b) Las contribuciones acordadas, que haya determinado la Autoridad, aportadas por las organizaciones internacionales miembros de la Autoridad de conformidad con el anexo IX de la Convención;

(c) Los fondos recibidos por la Autoridad de conformidad con el párrafo 2 del artículo 13 del anexo III de la Convención y la sección 8 del anexo del Acuerdo, en relación con las actividades que se desarrollen en la Zona;

(d) Los fondos transferidos por la Empresa de conformidad con el artículo 10 del anexo IV de la Convención;

(e) Las contribuciones voluntarias de los miembros u otras entidades; y

(f) Los demás fondos que reciba la Autoridad o a los que pueda tener derecho, incluidos los ingresos procedentes de inversiones.

6.2 Las consignaciones de créditos, habida cuenta de los ajustes a que haya lugar conforme a lo dispuesto en el párrafo 6.3, se financiarán mediante las cuotas de los miembros de la Autoridad, fijadas con arreglo a una escala de prorrateo basada en la empleada para el presupuesto ordinario de las Naciones Unidas, y las contribuciones de las organizaciones internacionales miembros de la Autoridad, que ésta determine de tanto en tanto, hasta que la Autoridad tenga ingresos suficientes de otras fuentes para solventar sus gastos administrativos. Hasta que se reciban dichas cuotas, las consignaciones se podrán financiar con cargo al Fondo de Operaciones.

6.3 Para cada uno de los dos años del ejercicio económico, el importe de las cuotas de los miembros de la Autoridad se determinará sobre la base de la mitad de las consignaciones aprobadas por la Asamblea para ese ejercicio económico, con la salvedad de que se harán ajustes en las cuotas respecto de:

---

[1] Esta disposición se tendrá que refinar a su debido tiempo.
[2] Esta disposición se tendrá que refinar a su debido tiempo.

(a) Las consignaciones suplementarias para las cuales no se haya asignado previamente una cuota a los miembros de la Autoridad;

(b) La mitad de los ingresos diversos previstos para el ejercicio económico cuyo importe no se haya tenido previamente en cuenta, y cualquier ajuste de los ingresos diversos previstos cuyo importe ya se haya tenido en cuenta;

(c) Las cuotas resultantes de la admisión de nuevos miembros de la Autoridad, conforme a lo dispuesto en el párrafo 6.9;

(d) Todo saldo no utilizado de las consignaciones que haya sido anulado con arreglo a los párrafos 4.3 y 4.4.

6.4 Una vez que la Asamblea haya aprobado o revisado el presupuesto y haya fijado el importe del Fondo de Operaciones, el Secretario General deberá:

(a) Transmitir a los miembros de la Autoridad los documentos pertinentes;

(b) Comunicar a los miembros de la Autoridad el importe de sus contribuciones en concepto de cuota anual y de anticipos al Fondo de Operaciones; y

(c) Solicitarles que remitan el importe de sus cuotas y de sus anticipos.

6.5 El importe de las cuotas y de los anticipos se considerará adeudado y pagadero íntegramente dentro de los treinta días siguientes al recibo de la comunicación del Secretario General mencionada en el párrafo 6.4 supra, o el primer día del año civil al cual correspondan, si esta fecha es posterior al plazo antedicho. El 1ro de enero del siguiente año civil se considerará que el saldo que queda por pagar de esas cuotas y anticipos lleva un año de mora.

6.6 Las cuotas anuales y los anticipos al Fondo de Operaciones se calcularán y pagarán en dólares de los Estados Unidos.

6.7 El importe de los pagos efectuados por un miembro de la Autoridad será acreditado primero a su favor en el Fondo de Operaciones y luego deducido de las cantidades que adeude en concepto de cuotas, en el orden en que hayan sido asignadas a dicho miembro.

6.8 El Secretario General presentará a la Asamblea, el Consejo y el Comité de Finanzas, en cada período ordinario de sesiones, un informe sobre la recaudación de las cuotas y de los anticipos al Fondo de Operaciones.

6.9 Los nuevos miembros deberán pagar una cuota por el año en que sean admitidos como miembros de la Autoridad y aportar la parte que les corresponda de los anticipos totales al Fondo de Operaciones con arreglo a la escala que la Asamblea determine.

6.10 Los Estados y las entidades a que se refiere el artículo 305 de la Convención y que, sin ser miembros de la Autoridad, participen en sus actividades contribuirán a sufragar los gastos de ésta con arreglo a la escala que la Asamblea determine, salvo que ésta decida eximirlos de esa obligación. Las cuotas así recibidas se contabilizarán como ingresos diversos.

Otros ingresos

Artículo 7

7.1 Todos los demás ingresos, con excepción de:

(a) Las cuotas aportadas para financiar el presupuesto;

(b) Los fondos recibidos por la Autoridad de conformidad con el párrafo 3 del artículo 13 del anexo III de la Convención y la sección 8 del anexo del Acuerdo, en relación con las actividades en la Zona;

(c) Los fondos transferidos por la Empresa de conformidad con el artículo 10 del anexo IV de la Convención;

(d) Las contribuciones voluntarias de los miembros u otras entidades;

(e) Los pagos recibidos por la Autoridad de conformidad con lo dispuesto en el artículo 82 de la Convención;

(f) Los pagos efectuados al Fondo de Asistencia Económica, de conformidad con el párrafo 1 a) de la sección 7 del anexo al Acuerdo;

(g) Los reembolsos directos de gastos hechos durante el ejercicio económico;

(h) Los anticipos a los fondos o los depósitos hechos en ellos; y

(i) Los ingresos procedentes del plan de contribuciones del personal,

se contabilizarán como ingresos diversos y se acreditarán al fondo administrativo general.

7.2 El Secretario General podrá aceptar contribuciones voluntarias, ya sean en efectivo o en otra forma, siempre que los fines para los cuales se hagan esas contribuciones estén de acuerdo con las normas, las finalidades y las actividades de la Autoridad, y en la inteligencia de que la aceptación de las contribuciones que, directa o indirectamente, impongan a la Autoridad responsabilidades financieras adicionales requerirá el consentimiento de la autoridad competente.

7.3 Los fondos que se acepten para fines especificados por el donante se tratarán como fondos fiduciarios o cuentas especiales, con arreglo a los párrafos 5.5 y 5.6.

7.4 Los fondos aceptados respecto de los cuales no se haya especificado ningún fin se considerarán ingresos diversos y se asentarán como "donativos" en las cuentas del ejercicio económico.

Custodia de los fondos

Artículo 8

8.1 El Secretario General designará el banco o los bancos en que se depositarán los fondos de la Autoridad. El Secretario General informará periódicamente al Consejo sobre la designación del banco o los bancos.

Inversión de fondos

Artículo 9

9.1 El Secretario General podrá efectuar inversiones a corto plazo que no sean de índole especulativa con los fondos que no se necesiten para cubrir necesidades inmediatas e informará periódicamente al Comité de Finanzas de las inversiones que haya efectuado.

9.2 El Secretario General podrá, previa consulta con un asesor de inversions nombrado por recomendación del Comité de Finanzas, efectuar inversions a largo plazo de los fondos existentes en el haber de los fondos fiduciarios, de las cuentas de reserva o de las cuentas especiales, salvo disposición en contrario de la autoridad competente en lo que respecta a cada fondo o cuenta, y teniendo presentes en cada caso las exigencias pertinentes en materia de liquidez de los fondos.

9.3 Los ingresos derivados de inversiones se acreditarán conforme a lo que disponga la reglamentación relativa a cada fondo o cuenta.

Fiscalización interna

Artículo 10

10.1 El Secretario General deberá:

(a) Establecer normas y métodos financieros detallados, con objeto de lograr una gestión financiera eficaz y económica;

(b) Hacer que todo pago se efectúe sobre la base de comprobantes y otros documentos que garanticen que los servicios o los bienes se han recibido y no han sido pagados con anterioridad;

(c) Designar a los funcionarios autorizados para recibir fondos, contraer obligaciones y efectuar pagos en nombre de la Autoridad;

(d) Mantener un sistema de fiscalización financiera interna que permita realizar en forma constante y eficaz un estudio o un examen, o ambas cosas, de las transacciones financieras, con el fin de asegurar:

　(i) La regularidad de las operaciones de recaudación, custodia y salida de todos los fondos y demás recursos financieros de la Autoridad;

　(ii) La conformidad de las obligaciones y los gastos con las consignaciones de créditos u otras disposiciones financieras aprobadas por la Asamblea, o con las finalidades y las reglamentaciones relativas a los fondos fiduciarios y las cuentas especiales;

　(iii) La utilización económica de los recursos de la Autoridad.

10.2 No se contraerá ninguna obligación para el ejercicio económico en curso ni compromisos para el ejercicio económico en curso o para ejercicios económicos futuros hasta que se hayan hecho por escrito, bajo la autoridad del Secretario General, habilitaciones o consignaciones de créditos.

10.3 El Secretario General podrá efectuar los pagos en concepto de indemnizaciones graciables que estime necesarios en interés de la Autoridad, a condición de que se presente a la Asamblea, junto con la contabilidad, un estado de esos pagos.

10.4 Previa una investigación completa, el Secretario General podrá autorizar la cancelación en libros de las pérdidas de numerario, materiales y otros haberes, a condición de que se presente al Auditor, junto con las cuentas respectivas, un estado de todos los haberes cancelados en libros, acompañado por las justificaciones que correspondan.

10.5 Salvo cuando, a juicio del Secretario General, en interés de la Autoridad se justifique una excepción a las normas, las adquisiciones de equipo, suministros y demás artículos necesarios se harán por licitación para la que se solicitarán ofertas mediante anuncios públicos.

Contabilidad

Artículo 11

11.1 El Secretario General presentará los estados de cuentas correspondientes al ejercicio económico. Además, a efectos de la gestión, el Secretario General llevará los libros de contabilidad que sean necesarios, incluso estados de cuentas provisionales correspondientes al primer año civil del ejercicio económico. Tanto los estados de cuentas provisionales como los estados de cuentas correspondientes al ejercicio económico mostrarán:

(a) Los ingresos y gastos de todos los fondos;

(b) La situación de las consignaciones de créditos, incluso:

(i) Las consignaciones presupuestarias iniciales;

(ii) Las consignaciones modificadas a raíz de cualesquiera transferencias;

(iii) Los fondos, de haberlos, distintos de los correspondientes a las consignaciones aprobadas por la Asamblea;

(iv) Las sumas cargadas a dichas consignaciones o a otros créditos;

(c) El activo y el pasivo de la Autoridad.

El Secretario General suministrará asimismo toda otra información que pueda ser apropiada para demostrar la situación financiera de la Autoridad a la fecha de que se trate.

11.2 Las cuentas de la Autoridad se presentarán en dólares de los Estados Unidos. Sin embargo, los libros de contabilidad se podrán llevar en la moneda o las monedas que el Secretario General considere necesario.

11.3 Se llevarán las cuentas separadas que correspondan para los fondos fiduciarios, las cuentas de reserva y las cuentas especiales.

11.4 El Secretario General presentará al Auditor las cuentas correspondientes al ejercicio económico a más tardar el 31 de marzo siguiente a la terminación del ejercicio económico.

Comprobación de cuentas

Artículo 12

12.1 La Asamblea nombrará a un auditor independiente de prestigio internacional con experiencia en la comprobación de cuentas de organizaciones internacionales. El auditor independiente será nombrado por un período de cuatro años y podrá ser nuevamente nombrado por un período adicional.

12.2 La comprobación de cuentas se realizará de conformidad con las normas comunes de auditoría generalmente aceptadas y, con sujeción a cualesquiera instrucciones especiales de la Asamblea, de acuerdo con las atribuciones adicionales indicadas en el anexo del presente Reglamento.

12.3 El Auditor formulará, según proceda, observaciones acerca de la eficiencia de los procedimientos financieros, el sistema de contabilidad, la fiscalización financiera interna y, en general, la administración y gestión de la Autoridad.

12.4 El Auditor actuará con absoluta independencia y será el único responsable de la comprobación de cuentas.

12.5 El Comité de Finanzas podrá pedir al Auditor que realice determinados exámenes y presente informes por separado sobre los resultados.

12.6 El Secretario General brindará al Auditor los servicios que éste requiera para realizar la comprobación de cuentas.

12.7 El Auditor publicará un informe sobre la comprobación de los estados financieros y cuadros pertinentes relativos a las cuentas correspondientes al ejercicio económico, en el que incluirá la información que estime necesaria respecto de las cuestiones mencionadas en el párrafo 12.3 y en las atribuciones adicionales.

12.8 El Comité de Finanzas examinará los estados financieros y los informes de comprobación y los transmitirá al Consejo y a la Asamblea con las observaciones que estime oportunas.

Resoluciones que impliquen gastos

Artículo 13

13.1 Las decisiones de la Asamblea o del Consejo que entrañen consecuencias financieras o presupuestarias se basarán en las recomendaciones del Comité de Finanzas.

13.2 Ningún órgano u órgano subsidiario de la Autoridad tomará una decisión que suponga la modificación del presupuesto aprobado por la Asamblea o de la posible necesidad de gastos, a menos que haya recibido y tenido en cuenta un informe del Secretario General sobre las consecuencias presupuestarias de la propuesta y las recomendaciones que pudiese formular el Comité de Finanzas.

13.3 Cuando a juicio del Secretario General el gasto propuesto no pueda sufragarse con cargo a las consignaciones existentes, no se hará dicho gasto hasta que la Asamblea haya hecho las consignaciones de crédito necesarias.

Disposiciones generals

Artículo 14

14.1 El presente Reglamento entrará en vigor en la fecha de su aprobación por la Asamblea y será aplicable al ejercicio económico 2001-2002 y a los ejercicios económicos siguientes. Únicamente podrá ser enmendado por la Asamblea.

ANEXO

ATRIBUCIONES ADICIONALES RELATIVAS A LA COMPROBACIÓN DE LAS CUENTAS DE LA AUTORIDAD

1.   Los Auditores procederán a la comprobación de cuentas de la Autoridad, incluso todos los fondos fiduciarios y cuentas especiales, según lo crean necesario, a fin de cerciorarse de que:

(a)   Los estados financieros concuerdan con los libros y las anotaciones de la Autoridad;

(b)   Las operaciones financieras consignadas en los estados de cuentas se ajustan a las disposiciones reglamentarias, al presupuesto y a las demás directrices aplicables;

(c)   Los títulos valores y el efectivo que se encuentren depositados o en caja han sido comprobados por certificados librados directamente por los depositarios de la Autoridad o mediante arqueo directo;

(d) Los controles internos, incluida la comprobación interna, son adecuados habida cuenta de la medida en que se confía en ellos.

2. Los Auditores serán la única autoridad facultada para decidir sobre la aceptación total o parcial de las certificaciones y declaraciones del Secretario General, y podrán proceder a efectuar los análisis y fiscalizaciones detallados que estimen oportunos de todas las constancias contables incluidas las relativas a suministros y equipo.

3. Los Auditores y el personal a sus órdenes tendrán libre acceso, en todo momento conveniente, a todos los libros de contabilidad, comprobantes y otros documentos que, a juicio de los Auditores, sea necesario consultar para llevar a cabo la comprobación de cuentas. Los Auditores serán responsables por los trabajos de ese personal de apoyo en la realización de las comprobaciones de cuentas. Los Auditores podrán obtener, si así lo solicitan, la información que se haya clasificado como reservada respecto de la cual el Secretario General (o el funcionario superior que el Secretario General designe) convenga en que los Auditores requieren para llevar a efecto la comprobación de cuentas, así como información clasificada como confidencial. Los Auditores y el personal a sus órdenes respetarán el carácter reservado o confidencial de toda información así clasificada que se haya puesto a su disposición y la utilizarán solamente en relación directa con la realización de la comprobación de cuentas. Los Auditores podrán señalar a la atención de la Asamblea toda denegación de información clasificada como reservada que, a su juicio, sea necesaria para efectuar la comprobación de cuentas.

4. Los Auditores carecen de atribuciones para rechazar partidas de las cuentas, pero señalarán a la atención del Secretario General cualquier transacciónacerca de cuya regularidad y procedencia abrigue dudas, a fin de que el Secretario General tome las providencias pertinentes. Las objeciones con respecto a éstas u otras transacciones que se susciten durante el examen de las cuentas se comunicarán inmediatamente al Secretario General.

5. Los Auditores (o los funcionarios que ellos designen a ese efecto) formularán y suscribirán un dictamen en los siguientes términos:

> "Hemos examinado los siguientes estados financieros adjuntos, que llevan los números ... a ..., debidamente identificados, y los cuadros pertinentes de ... (nombre del órgano) correspondientes al ejercicio terminado el 31 de diciembre de 19__. Nuestro examen incluyó un análisis general de los procedimientos de contabilidad, así como la verificación de las constancias contables y otros documentos complementarios, según lo hemos considerado necesario dadas las circunstancias."

> Y en el cual se declararán, según proceda:

(a) Que los estados financieros reflejan adecuadamente la situación financiera al final del ejercicio y los resultados de las operaciones correspondientes al ejercicio que concluye;

(b) Que los estados financieros se prepararon de conformidad con los principios contables declarados;

(c) Que los principios contables se aplicaron en forma congruente con su aplicación en el ejercicio anterior;

(d) Que las transacciones se ajustaron al Reglamento Financiero y a la autorización legislativa.

6. El informe de los Auditores a la Asamblea sobre las operaciones financieras del ejercicio indicará:

(a) El tipo y el alcance de su examen;

(b) Las cuestiones relativas a la integridad o exactitud de las cuentas y, en particular, cuando proceda:

   (i) La información necesaria para la correcta interpretación de las cuentas;

   (ii) Las sumas que deberían haberse recibido, pero que no se hayan abonado en cuenta;

   (iii) Las sumas respecto de las cuales exista una obligación legal o contingente y que no se hayan contabilizado o consignado en los estados financieros;

   (iv) Los gastos para los que no haya los debidos comprobantes;

   (v) Si se llevan libros de contabilidad adecuados, cuando en la presentación de los estados financieros haya desviaciones sustanciales de los principios de contabilidad generalmente aceptados que se apliquen de manera congruente, ello se deberá poner de manifiesto;

(c) Otras cuestiones que deban ponerse en conocimiento de la Asamblea, tales como:

   (i) Casos de fraude;

   (ii) Despilfarro o desembolsos indebidos de dinero u otros bienes de la Autoridad (aun cuando los asientos de las transacciones correspondientes estén en regla);

   (iii) Gastos que puedan obligar a la Autoridad a efectuar nuevos desembolsos de consideración;

   (iv) Cualquier defecto que se observe en el sistema general o en las disposiciones particulares que rijan el control de los ingresos y los gastos, o de los suministros y el equipo;

   (v) Gastos que no sean conformes a la intención de la Asamblea, habida cuenta de las transferencias de créditos presupuestarios debidamente autorizadas;

   (vi) Gastos en exceso de los créditos consignados, habida cuenta de las modificaciones resultantes de las transferencias de créditos presupuestarios debidamente autorizadas;

   (vii) Gastos que no se ajusten a las disposiciones que los autorizan;

(d) La exactitud o inexactitud de las anotaciones relativas a suministros de materiales y equipo que ponga de manifiesto la comprobación de los inventarios y el cotejo de éstos con las anotaciones en los libros;

(e) Si se considera apropiado, las transacciones cuyas cuentas se hayan presentado en un ejercicio anterior y sobre las cuales se hayan obtenido nuevas informaciones, las transacciones que deban realizarse en un ejercicio ulterior y de las cuales convenga que la Asamblea tenga conocimiento cuanto antes.

7.   Los Auditores podrán transmitir a la Asamblea o al Secretario General las observaciones que estimen convenientes sobre los resultados de la comprobación de cuentas y sobre el informe financiero del Secretario General.

8.   Si se ponen restricciones en el alcance de la comprobación de cuentas o no puede obtener comprobantes suficientes, los Auditores lo harán constar en su dictamen y en su informe, exponiendo claramente en su informe las razones de sus observaciones y el efecto sobre la situación financiera y las transacciones financieras consignadas.

9.   El informe de los Auditores no contendrá en ningún caso críticas sin haber dado previamente al Secretario General una oportunidad adecuada para explicar la cuestión que motive las observaciones.

10. Los Auditores no estarán obligados a hacer referencia a ninguna cuestión de las mencionadas que, a su juicio, carezca absolutamente de importancia.

COMENTARIO

Mientras se aprobaba su propio reglamento en consonancia con lo dispuesto en el Reglamento Financiero de las Naciones Unidas, la Autoridad aplicó *mutatis mutandis* el Reglamento Financiero de las Naciones Unidas. El Comité de Finanzas examinó y modificó el proyecto de reglamento financiero en la continuación del tercer período de sesiones de la Autoridad en agosto de 1997 y nuevamente en la primera parte del cuarto período de sesiones en marzo de 1998. El Comité de Finanzas finalizó sus trabajos sobre el proyecto de reglamento financiero de la Autoridad en la continuación del cuarto período de sesiones de la Autoridad en agosto de 1998.

En su 40ª sesión, celebrada el 27 de agosto de 1998, el Consejo examinó el proyecto de reglamento financiero propuesto por el Comité de Finanzas (ISBA/4/C/L.3). Por falta de tiempo, el examen del proyecto de reglamento financiero se aplazó hasta el quinto período de sesiones del Consejo, celebrado en agosto de 1999.

Después de que el Consejo examinara detalladamente el proyecto de reglamento en el quinto período de sesiones, la Secretaría prepare un texto revisado para su examen por el Consejo (ISBA/5/C/L.3). En su 57ª sesión, celebrada el 26 de agosto de 1999, por recomendación del Comité de Finanzas, el Consejo decidió aprobar y aplicar provisionalmente el proyecto de reglamento financiero, a la espera de que la Asamblea le diera su aprobación (ISBA/5/C/10).

La Asamblea no dispuso de tiempo suficiente para examinar el proyecto de reglamento financiero de la Autoridad en el quinto período de sesiones, aunque observó que el Consejo había aprobado el reglamento y que éste se aplicaría provisionalmente. Por recomendación del Consejo, la Asamblea aprobó el Reglamento Financiero de la Autoridad en su 71ª sesión, celebrada el 23 de marzo de 2000 (ISBA/6/A/3).

De acuerdo con el artículo 10 del Reglamento Financiero, el Secretario General ha establecido la Reglamentación Financiera de la Autoridad Internacional de los Fondos Marinos, que se aplica desde el 1 de diciembre de 2008, salvo indicación en contrario. El Secretario General la promulgó el 10 de noviembre de 2008 (ST/SGB/2008/02) e informó al Comité de Finanzas, que tomó nota de ella en el 16º período de sesiones de la Autoridad en 2010.

FUENTES DOCUMENTALES

- AIFM

ISBA/A/15, Decisión de la Asamblea relativa a la participación de la Autoridad Internacional de los Fondos Marinos en la Caja Común de Pensiones del Personal de las Naciones Unidas, (*Selección de Decisiones 1/2/3*, 31).

ISBA/3/A/4, Informe presentado por el Secretario General de la Autoridad Internacional de los Fondos Marinos con arreglo al párrafo 4 del artículo 166 de la Convención de las Naciones Unidas sobre el Derecho del Mar, párra. 39, (*Selección de Decisiones 1/2/3*, 56).

ISBA/3/A/11, Declaración del Presidente sobre la labor realizada por la Asamblea en la continuación del tercer período de sesiones, párra. 12, (*Selección de Decisiones 1/2/3*, 66).

ISBA/4/A/11, Informe presentado por el Secretario General de la Autoridad Internacional de los Fondos Marinos con arreglo al párrafo 4 del artículo 166 de la Convención de las Naciones Unidas sobre el Derecho del Mar, párras. 38 y 57, (*Selección de Decisiones 4*, 58-59 y 62).

ISBA/4/A/18, Declaración del Presidente sobre la labor realizada por la Asamblea en la continuación del cuarto período de sesiones, párra. 15, (*Selección de Decisiones 4*, 66-67).

ISBA/5/A/1 y Corr. 1, Informe presentado por el Secretario General de la Autoridad Internacional de los Fondos Marinos con arreglo al párrafo 4 del artículo 166 de la Convención de las Naciones Unidas sobre el Derecho del Mar, párras. 25 y 52, (*Selección de Decisiones 5*, 5 y 12).

ISBA/5/A/14, Declaración del Presidente sobre la labor realizada por la Asamblea en el quinto período de sesiones, párra. 23, (*Selección de Decisiones 5*, 45).

ISBA/6/A/3*, Decisión de la Asamblea de la Autoridad Internacional de los Fondos Marinos relativa al Reglamento Financiero de la Autoridad Internacional de los Fondos Marinos, (*Selección de Decisiones 6*, 1-11).

ISBA/6/A/6, Declaración del Presidente sobre la labor realizada por la Asamblea en el sexto período de sesiones, párra. 8, (*Selección de Decisiones 6*, 12).

ISBA/6/A/9, Informe presentado por el Secretario General de la Autoridad Internacional de los Fondos Marinos con arreglo al párrafo 4 del artículo 166 de la Convención de las Naciones Unidas sobre el Derecho del Mar, párras. 5 y 22, (*Selección de Decisiones 6*, 14 y 17).

ISBA/6/A/L.2, Proyecto de decisión de la Asamblea relativo al Reglamento Financiero de la Autoridad.

ISBA/3/C/11, Declaración del Presidente sobre los trabajos del Consejo en la continuación del tercer período de sesiones, párra. 1, (*Selección de Decisiones 1/2/3*, 75).

ISBA/4/C/5, Declaración del Presidente sobre la labor realizada por el Consejo en la primera parte del cuarto período de sesiones, párra.13, (*Selección de Decisiones 4*, 72).

ISBA/4/C/14, Declaración del Presidente sobre la labor del Consejo durante la continuación de su cuarto período de sesiones, párras. 1 y 8, (*Selección de Decisiones 4*, 76-77).

ISBA/4/C/L.3, Proyecto revisado de reglamento financiero de la Autoridad Internacional de los Fondos Marinos. Propuesta del Comité de Finanzas.

ISBA/5/C/10, Decisión del Consejo de la Autoridad Internacional de los Fondos Marinos relativa al proyecto de reglamento financier de la Autoridad Internacional de los Fondos Marinos, (*Selección de Decisiones 5*, 49).

ISBA/5/C/11, Declaración del Presidente sobre la labor del Consejo durante el quinto período de sesiones, párra. 14, (*Selección de Decisiones 5*, 52).

ISBA/5/C/L.3, Proyecto revisado de reglamento financiero de la Autoridad Internacional de los Fondos Marinos. Revisión de ISBA/4/C/L.3, de 21 de agosto de 1998.

ISBA/5/C/L.6, Proyecto de decisión del Consejo de la Autoridad Internacional de los Fondos Marinos relativo al proyecto de reglamento financiero de la Autoridad Internacional de los Fondos Marinos.

ISBA/16/A/5*-ISBA/16/C/8*, Informe del Comité de Finanzas, párra. 23, (*Selección de Decisiones 16*, 36).

C – DECISIÓN RELATIVA AL SELLO, EMBLEMA Y BANDERA OFICIALES DE LA AUTORIDAD INTERNACIONAL DE LOS FONDOS MARINOS

La Asamblea de la Autoridad Internacional de los Fondos Marinos,

Reconociendo la conveniencia de aprobar una bandera y un emblema distintivos de la Autoridad Internacional de los Fondos Marinos y autorizar el uso del emblema distintivo como sello oficial de la Autoridad,

Considerando que es necesario proteger el nombre de la Autoridad y su bandera y emblema distintivos y su sello oficial,

1. *Resuelve* por lo tanto que los diseños reproducidos en la parte I del anexo de la presente resolución serán el emblema y signo distintivo de la Autoridad Internacional de los Fondos Marinos y serán usados como sello oficial de la Autoridad;

2. *Resuelve también* que la bandera de la Autoridad Internacional de los Fondos Marinos será el emblema distintivo reproducido en la parte II del anexo, colocado en el centro, sobre un fondo azul oscuro;

3. *Encarga* al Secretario General que fije las reglas referentes a las dimensiones y proporciones de la bandera;

4. *Autoriza* al Secretario General a adoptar un código de la bandera, a fin de reglamentar el uso y proteger la dignidad de ésta;

5. *Recomienda:*

(a) Que los miembros de la Autoridad Internacional de los Fondos Marinos tomen las medidas legislativas o de otra índole necesarias para proteger el emblema, el sello oficial, el nombre de la Autoridad Internacional de los Fondos Marinos y abreviaturas de su nombre, mediante el uso de las letras iniciales con objeto de impedir su uso, sin autorización del Secretario General de la Autoridad Internacional de los Fondos Marinos, especialmente con fines comerciales como marcas de fábrica o rótulos comerciales;

(b) Que esas medidas entren en vigor tan pronto como sea posible, y en todo caso a más tardar dentro de dos años a contar de la fecha de aprobación de la presente resolución;

(c) Que, hasta que entre en vigor dentro de su territorio cualquier medida en este sentido, cada miembro de la Autoridad Internacional de los

Fondos Marinos haga lo posible para proteger el emblema, el nombre o las iniciales de la Autoridad Internacional de los Fondos Marinos con objeto de impedir el uso, sin autorización del Secretario General de la Autoridad Internacional de los Fondos Marinos, especialmente con fines comerciales como marcas de fábrica o rótulos comerciales.

84ª sesión
14 de agosto de 2002

ANEXO

Parte I

Parte II

COMENTARIO

El emblema de la Autoridad Internacional de los Fondos Marinos, que actualmente aparece, en dos versiones principales, en los documentos oficiales de la Autoridad, así como en la bandera, el membrete y las publicaciones de la Autoridad, se creó en 1997 y es una variación del diseño que habían utilizado las Naciones Unidas para la Tercera Conferencia de las Naciones Unidas sobre el Derecho del Mar y, posteriormente, la Oficina del Representante Especial del Secretario General para el Derecho del Mar. El Tribunal Internacional del Derecho del Mar aprobó oficialmente una versión diferente del mismo diseño. En la bandera figura el sello oficial de la Autoridad, que representa la balanza de la justicia suspendida sobre las olas de los océanos, rodeada por una corona de hojas de laurel. Además de representar a la justicia reinante sobre los océanos, el emblema plasma también la estrecha relación existente entre la División de Asuntos Oceánicos y del Derecho del Mar de las Naciones Unidas, el Tribunal Internacional del Derecho del Mar y la Autoridad.

El sello, la bandera y el emblema oficiales de la Autoridad fueron aprobados por resolución de la Asamblea en su 84ª sesión, celebrada el 14 de agosto de 2002. La decisión de la Asamblea figura en el documento ISBA/8/A/12.

Debe señalarse que las Naciones Unidas utilizaron un procedimiento similar en relación con su emblema y bandera. En ese caso, se aprobaron dos resoluciones independientes, una el 7 de diciembre de 1946, relativa al emblema y sello oficiales de las Naciones Unidas y otra el 20 de octubre de 1947, relativa a la bandera de las Naciones Unidas.

FUENTES DOCUMENTALES

- AIFM

ISBA/8/A/4, Sello, emblema y bandera oficiales de la Autoridad Internacional de los Fondos Marinos. Informe del Secretario General.

ISBA/8/A/12, Decisión relativa al sello, emblema y bandera oficiales de la Autoridad Internacional de los Fondos Marinos, (*Selección de Decisiones 8*, 32-33).

ISBA/8/A/13, Declaración del Presidente sobre la labor de la Asamblea en su octavo período de sesiones, párra. 15, (*Selección de Decisiones 8*, 36).

- NACIONES UNIDAS

Resolución 92 (I), Sello y emblema oficiales de las Naciones Unidas.

Resolución 167 (II), Bandera de las Naciones Unidas.

D – ACUERDOS RELATIVOS A LA SEDE DE LA AUTORIDAD INTERNACIONAL DE LOS FONDOS MARINOS

ACUERDO ENTRE LA AUTORIDAD INTERNACIONAL DE LOS FONDOS MARINOS Y EL GOBIERNO DE JAMAICA RELATIVO A LA SEDE DE LA AUTORIDAD INTERNACIONAL DE LOS FONDOS MARINOS

La Autoridad Internacional de los Fondos Marinos y el Gobierno de Jamaica,

Teniendo en cuenta la Convención de las Naciones Unidas sobre el Derecho del Mar de 10 de diciembre de 1982, por la que se establece la Autoridad Internacional de los Fondos Marinos,

Teniendo en cuenta el párrafo 4 del artículo 156 de la Convención, en que se estipula que la Autoridad Internacional de los Fondos Marinos tendrá su sede en Jamaica,

Reconociendo la necesidad de disponer de todos los servicios e instalaciones necesarios para que la Autoridad Internacional de los Fondos Marinos pueda desempeñar las funciones que le encomienda la Convención,

Deseando concertar un acuerdo con el objeto de reglamentar, de conformidad con la Convención, las cuestiones relativas al establecimiento y funcionamiento de la Autoridad Internacional de los Fondos Marinos en Jamaica,

Han convenido en lo siguiente:

Términos empleados

Artículo 1

Para los efectos del presente Acuerdo:

(a) Por "archivos" se entenderá los registros y la correspondencia, los documentos, los manuscritos, los mapas, las fotografías, diapositivas, películas, comunicaciones electrónicas y grabaciones en cinta Sonora que pertenezcan a la Autoridad o que ésta tenga en su poder en Jamaica;

(b) Por la "Autoridad" se entenderá la Autoridad Internacional de los Fondos Marinos definida en la Convención;

(c) Por "autoridades competentes" se entenderá las autoridades de gobierno, municipales o de otra índole de Jamaica que correspondan según el contexto y de conformidad con las leyes aplicables en Jamaica;

(d) Por la "Convención" se entenderá la Convención de las Naciones Unidas sobre el Derecho del Mar de 10 de diciembre de 1982, junto con el Acuerdo relativo a la aplicación de la Parte XI de la Convención de las Naciones Unidas sobre el Derecho del Mar, de 10 de diciembre de 1982;

(e) Por "Director General" se entenderá el Director General de la Empresa;

(f) Por "personal doméstico" se entenderá las personas empleadas exclusivamente para el servicio doméstico de los representantes de los miembros de la Autoridad, de los representantes de los observadores de la Autoridad y de los funcionarios de la Autoridad;

(g) Por la "Empresa" se entenderá el órgano de la Autoridad establecido en la Convención;

(h) Por "expertos" se entenderá los expertos en misión para la Autoridad;

(i) Por el "Gobierno" se entenderá el Gobierno de Jamaica;

(j) Por "sede" se entenderá el recinto, especificado en el artículo 2, que ocupa la Autoridad en Jamaica;

(k) Por "legislación o leyes de Jamaica" se entenderá la Constitución de Jamaica y las leyes y los reglamentos dictados conforme a la ley, con inclusión del *common law*;

(l) Por "miembros de la Autoridad" se entenderá todos los Estados Partes en la Convención;

(m) Por "miembros de la misión permanente" o "miembros de la misión permanente de observación" se entenderá el jefe de la misión y los funcionarios de ésta;

(n) Por "Estado observador" se entenderá el Estado que tenga la calidad de observador ante la Autoridad;

(o) Por "observadores de la Autoridad" se entenderán los Estados y las organizaciones intergubernamentales y no gubernamentales a los que la Autoridad haya conferido esa calidad;

(p) Por "funcionarios de la Autoridad" se entenderá el Secretario General y todo el personal de la Autoridad, salvo el de contratación local que sea remunerado por hora de trabajo;

(q) Por "misión permanente" se entenderá una misión de character permanente que represente a un miembro de la Autoridad;

(r) Por "misión permanente de observación" se entenderá una misión de carácter permanente que represente a un Estado observador;

(s) Por "Protocolo" se entenderá el Protocolo sobre los privilegios e inmunidades de la Autoridad;

(t) Por "representantes de los miembros de la Autoridad" se entenderá los delegados, delegados suplentes, asesores y cualesquiera otros miembros acreditados de las delegaciones;

(u) Por "representantes de los Estados observadores" se entenderá los delegados, delegados suplentes, asesores y cualesquiera otros miembros acreditados de las delegaciones;

(v) Por el "Secretario General" se entenderá el Secretario General de la Autoridad Internacional de los Fondos Marinos o su representante autorizado;

(w) La expresión "Estados Partes" tendrá la misma acepción que en el artículo 1 de la Convención.

Sede de la Autoridad

Artículo 2

1. La Autoridad tendrá su sede en Jamaica.

2. Jamaica se compromete a conceder a la Autoridad, para su uso y ocupación permanentes, el recinto y las instalaciones que se especifiquen en acuerdos complementarios que se concertarán para estos efectos.

3. El edificio o los edificios ubicados fuera de la sede que, con el consentimiento del Gobierno, se utilicen provisionalmente para la celebración de reuniones convocadas por la Autoridad se considerarán parte de la sede. Las peticiones de la Autoridad que requieran el consentimiento del Gobierno, no serán demoradas más de los razonable.

Personalidad y capacidad jurídica de la Autoridad

Artículo 3

La Autoridad tendrá personalidad jurídica internacional y la capacidad jurídica que sea necesaria para el ejercicio de sus funciones y la consecución de los propósitos de conformidad con la convención; en consecuencia, tundra en particular la capacidad de:

(a) Celebrar contratos;

(b) Adquirir y enajenar bienes muebles e inmuebles; y

(c) Ser parte en procedimientos judiciales.

Ley y autoridad en la sede

Artículo 4

1. La sede estará bajo la autoridad y el control de la Autoridad de conformidad con el presente Acuerdo.

2. La Autoridad estará facultada para aprobar reglamentos que regirán en la sede, con el propósito de establecer en ésta las condiciones necesarias desde todo punto de vista para el ejercicio pleno e independiente de sus funciones.

3. La Autoridad deberá informar sin demora al Gobierno de los reglamentos que haya aprobado con arreglo al párrafo 2.

4. Salvo en los casos previstos en el presente Acuerdo y con sujeción a lo dispuesto en los párrafos 2 y 5, la legislación de Jamaica será aplicable en la sede.

5. Ninguna ley de Jamaica que resulte incompatible con un reglamento dictado por la Autoridad de conformidad con el párrafo 2 será aplicable en la sede, en la medida de esa incompatibilidad.

6. Las controversias que surjan entre la Autoridad y Jamaica respecto de si un reglamento dictado por la Autoridad es válido en virtud del párrafo 2, o

respecto de si una ley de Jamaica es incompatible con algún reglamento dictado por la Autoridad en virtud del párrafo 2, serán dirimidas sin tardanza mediante el procedimiento que se establece en el artículo 49. Mientras no se haya resuelto la controversia, se aplicará el reglamento dictado por la Autoridad, y la ley de Jamaica no será aplicable en la sede en la medida en que la Autoridad sostenga que es incompatible con el reglamento dictado por ésta.

7.   Salvo que en el presente Acuerdo se disponga otra cosa, los tribunales de Jamaica u otras autoridades competentes tendrán jurisdicción, con arreglo a la legislación vigente, sobre los actos y las transacciones que se realicen en la sede.

8.   Los tribunales de Jamaica u otras autoridades competentes, al conocer de casos que se deriven de actos o transacciones realizados en la sede o relacionados con éstos, tendrán en cuenta los reglamentos aprobados por la Autoridad con arreglo al párrafo 2.

9.   La Autoridad podrá expulsar de la sede o impedir el ingreso a ésta a las personas que hayan transgredido los reglamentos aprobados en virtud de este artículo; podrá hacerlo también por cualquier otra causa justificada.

10.   Sin perjuicio de lo dispuesto en el presente artículo, se respetarán las normas de protección contra incendios y de saneamiento emitidas por las autoridades competentes.

Inviolabilidad de la sede

Artículo 5

1.   La sede será inviolable. Ningún funcionario u oficial de Jamaica ni ninguna otra persona investida de autoridad pública en Jamaica podrá entrar en la sede para desempeñar funciones en ella si no es con el consentimiento expreso o a petición del Secretario General y en las condiciones que éste apruebe.

2.   La notificación de diligencias judiciales, incluido el embargo de bienes privados, sólo podrá efectuarse en la sede con el consentimiento expreso del Secretario General y en las condiciones que éste apruebe.

3.   Sin perjuicio de lo dispuesto en el presente Acuerdo, la Autoridad impedirá que la sede sirva de refugio a quienes traten de sustraerse a una detención ordenada en virtud de una ley de Jamaica, sean requeridas por el Gobierno para su extradición, expulsión o deportación a otro país o traten de eludir la notificación de una diligencia judicial.

4.   En caso de incendio o de otra emergencia que requiera medidas inmediatas de protección, o en el caso de que las autoridades competentes tengan motivos fundados para creer que se ha producido una emergencia, se presumirá que el Secretario General ha dado su consentimiento para que las autoridades competentes ingresen a la sede si no fuese posible ponerse a tiempo en contacto con él. Deberá hacerse todo lo posible por obtener dicho consentimiento.

5.   Con sujeción a los párrafos 1 y 2, nada de lo dispuesto en el presente artículo obstará a la entrega por el servicio de correos de Jamaica de cartas y documentos en la sede.

Protección de la sede

Artículo 6

1.   Las autoridades competentes ejercerán la debida diligencia para que la tranquilidad de la sede y el libre acceso a ésta no se vean perturbados por el ingreso no autorizado de una persona o un grupo de personas ni por disturbios en las inmediaciones y proporcionarán a la sede la protección adecuada que sea necesaria.

2.   Previa solicitud del Secretario General, las autoridades competentes proporcionarán las fuerzas de policía necesarias para el mantenimiento del orden público en la sede y para la remoción de ésta de cualesquiera personas.

3.   Las autoridades competentes adoptarán las medidas que sean necesarias para velar por que la Autoridad, sin su consentimiento expreso, no sea desalojada en todo o parte de la sede.

Inmediaciones de la sede

Artículo 7

1.   Las autoridades competentes adoptarán todas las medidas que sean necesarias para que el uso que se haga del terreno y de los edificios que se hallen en las inmediaciones de la sede no redunde en desmedro de los servicios de ésta ni obstruya el uso a que está destinada.

2.   La Autoridad tomará todas las medidas necesarias para que la sede no sea utilizada para fines distintos de los establecidos y para que el terreno y los edificios situados en sus inmediaciones no sean obstruidos sin causa razonable.

Bandera y emblema

Artículo 8

La Autoridad tendrá derecho a desplegar su bandera y emblema en la sede y en los vehículos utilizados con fines oficiales.

Servicios públicos en la sede

Artículo 9

1.   Las autoridades competentes harán todo lo que esté a su alcance para que se proporcionen a la Autoridad, en condiciones justas y equitativas pero en todo caso no menos favorables que las concedidas a los organismos del Gobierno, los servicios públicos necesarios, incluidos, entre otros, servicios de electricidad, agua, gas, alcantarillado, recolección de basura, protección contra incendios y transporte público local.

2.   En caso de interrupción o de peligro de interrupción de cualquiera de esos servicios, las autoridades competentes considerarán que las necesidades de la Autoridad tienen igual importancia que las de los organismos esenciales del Gobierno, por lo que adoptarán las medidas necesarias para que no se obstruya la labor de la Autoridad.

3.   Previa solicitud de las autoridades competentes, el Secretario General adoptará las disposiciones necesarias para que los representantes autorizados de los servicios públicos correspondientes puedan inspeccionar, reparar, mantener, reconstruir o cambiar de lugar conductos de electricidad y gas y tuberías de agua y alcantarillado dentro de la sede, sin perturbar innecesariamente el desempeño de las funciones de la Autoridad.

4.   En los casos en que el suministro de gas, electricidad o agua sea de cargo de las autoridades competentes, o en que el precio de esos servicios esté controlado por ellas, las tarifas que se cobren a la Autoridad no excederán de las tarifas comparables más bajas que se cobren a los organismos del Gobierno.

5.   El Gobierno hará todo lo que esté a su alcance para que la Autoridad disponga en todo momento de gasolina u otros combustibles y de aceites lubricantes para cada uno de los automóviles que integran su parque, en las mismas condiciones establecidas para las misiones diplomáticas acreditadas en Jamaica.

Servicios de comunicaciones

Artículo 10

1.   A los efectos de sus comunicaciones oficiales, la Autoridad gozará, mientras ello sea compatible con los acuerdos, reglamentos y arreglos internacionales en que Jamaica sea parte, de un tratamiento no menos favorable que el otorgado a las misiones diplomáticas acreditadas en Jamaica y a las organizaciones internacionales en lo que concierne, entre otras cosas, a las prioridades, tarifas e impuestos aplicables a la correspondencia y a las distintas formas de telecomunicación.

2.   Las autoridades competentes asegurarán la inviolabilidad de las comunicaciones y la correspondencia dirigidas a la Autoridad o a cualquiera de sus funcionarios en la sede, así como de las comunicaciones y la correspondencia enviadas por la Autoridad por cualquier medio o en cualquier forma que se transmitan, las que gozarán de inmunidad respecto de cualquier forma de censura, interceptación o injerencia en su carácter privado. La inviolabilidad se extenderá, sin que la presente enumeración tenga carácter exhaustivo, a las publicaciones, fotografías, diapositivas, películas, comunicaciones electrónicas, y grabaciones en cinta sonora o de vídeo enviadas a la Autoridad o por ésta.

3.   La Autoridad tendrá derecho a utilizar claves y despachar o recibir correspondencia y otros materiales por correo diplomático o en valijas selladas, que gozarán de las mismas prerrogativas e inmunidades que el correo y la valija diplomáticos.

4.(a) La Autoridad podrá establecer y mantener en la sede:
  (i)   Su propio servicio de emisión y recepción radiofónica de onda corta, con equipo de conexión de emergencia que podrá utilizarse en las mismas frecuencias, dentro de los límites impuestos a los servicios de radiodifusión por la reglamentación aplicables en Jamaica a los servicios de radiotelegrafía, radiotelefonía, satélite y otros servicios análogos;
  (ii) Otros servicios de radiofonía que se indiquen en un acuerdo complementario entre la Autoridad y las autoridades competentes;

(b) La Autoridad concertará acuerdos sobre el funcionamiento de los servicios a que se hace referencia en este párrafo con la Unión Internacional de Telecomunicaciones, los organismos competentes del Gobierno y los organismos competentes de los demás gobiernos que corresponda, en lo que respecta a las frecuencias de transmisión y otras cuestiones análogas.

5.   En la medida en que sea necesario para el funcionamiento eficiente de los servicios a que se hace referencia en el párrafo 4, éstos podrán ser establecidos y mantenidos, con el consentimiento del Gobierno, fuera de la sede.

6.   Previa solicitud del Secretario General, las autoridades competentes proporcionarán a la Autoridad, para fines oficiales, los servicios de radio y otros servicios de telecomunicaciones necesarios, de conformidad con las normas de la Unión Internacional de Telecomunicaciones. Esos servicios podrán indicarse en un acuerdo complementario entre la Autoridad y las autoridades competentes.

Libertad de publicación y radiodifusión

Artículo 11

El Gobierno reconoce el derecho de la Autoridad a publicar material y a efectuar emisiones radiofónicas libremente en Jamaica en cumplimiento de los objetivos establecidos en la Convención. Queda entendido, sin embargo, que la Autoridad respetará la legislación de Jamaica, así como cualesquiera convenciones internacionales en que Jamaica sea parte, sobre las publicaciones y la radiodifusión.

Libertad de reunión

Artículo 12

1.   Jamaica reconoce el derecho de la Autoridad de convocar reuniones dentro de la sede o, previo consentimiento del Gobierno, en cualquier otro lugar del país.

2.   A fin de asegurar la plena libertad de reunión y expresión, el Gobierno adoptará todas las medidas necesarias para que no se ponga obstáculo alguno a los trabajos de las reuniones convocadas por la Autoridad.

Inviolabilidad de los archivos

Artículo 13

1.   Los archivos de la Autoridad serán inviolables, dondequiera que se encuentren.

2.   La ubicación de los archivos de la Autoridad, si se tratase de un lugar distinto de la sede, será puesta en conocimiento de las autoridades competentes.

Inmunidad y exenciones de la Autoridad, sus bienes y haberes

Artículo 14

1.   La Autoridad, sus bienes y haberes gozarán de inmunidad de jurisdicción y de ejecución, salvo en la medida en que la Autoridad renuncie expresamente a la inmunidad en un caso determinado.

2.   Los bienes y haberes de la Autoridad, dondequiera y en poder de quienquiera se hallen, gozarán de inmunidad de registro, requisa, confiscación, expropiación o cualquier otra forma de incautación por decisión ejecutiva o legislativa.

3.   Los bienes y haberes de la Autoridad estarán exentos de todo tipo de restricciones, reglamentaciones, controles y moratorias.

Exención de impuestos y derechos de aduana

Artículo 15

1.   En el ámbito de sus actividades oficiales, la Autoridad, sus haberes, bienes e ingresos, así como sus operaciones y transacciones autorizadas por la Convención, estarán exentos de todo impuesto directo, y los bienes importados o exportados por la Autoridad para su uso oficial estarán exentos de todo derecho aduanero. La Autoridad no pretenderá la exención del pago de los gravámenes que constituyan la remuneración de servicios prestados.

2.   El Gobierno adoptará en lo posible las medidas necesarias para otorgar la exención o el reembolso de los impuestos o derechos que graven el precio de los bienes comprados o los servicios contratados por la Autoridad o en su nombre, que sean de valor considerable y necesarios para sus actividades oficiales. La Autoridad gozará en todo momento, respecto de esos impuestos o derechos, por lo menos de iguales exenciones que los jefes de las misiones diplomáticas acreditadas en Jamaica.

3.   Los bienes importados o comprados con el beneficio de las exenciones previstas en este artículo no serán enajenados en el territorio de Jamaica, salvo en las condiciones convenidas con el Gobierno.

Facilidades financieras

Artículo 16

1.   La Autoridad podrá realizar libremente, sin estar sujeta a controles, reglamentaciones ni moratorias de carácter financiero, las operaciones siguientes:
  (a)   Comprar cualesquiera monedas por los conductos autorizados, conservarlas y enajenarlas;
  (b)   Mantener cuentas en cualquier moneda;
  (c)   Comprar por los conductos autorizados fondos, valores y oro, conservarlos y disponer de ellos;
  (d)   Transferir sus fondos, valores, oro y divisas desde Jamaica, hacia cualquier otro país o viceversa, o dentro de Jamaica; y
  (e)   Obtener fondos mediante el ejercicio de su facultad de contratar préstamos o en cualquier otra forma que estime conveniente, con la salvedad de que, si los fondos se obtienen dentro de Jamaica, la Autoridad habrá de obtener el asentimiento del Gobierno.

2.   El Gobierno hará todo lo posible para que la Autoridad pueda obtener las condiciones más favorables en materia de tipos de cambio, comisiones bancarias sobre operaciones de cambio y transacciones similares.

3.   La Autoridad, en ejercicio de los derechos que le son reconocidos en el presente artículo, tendrá debidamente en cuenta las observaciones que le haga el Gobierno en la medida en que pueda hacerlo sin detrimento de sus intereses.

Oficina principal de la Empresa

Artículo 17

La Empresa tendrá su oficina principal en la sede de la Autoridad.

Personalidad jurídica de la Empresa

Artículo 18

La Empresa, en el marco de la personalidad jurídica internacional de la Autoridad, tendrá la capacidad jurídica necesaria para el desempeño de sus funciones y el logro de sus fines y, en particular, la capacidad de:

(a) Celebrar contratos, arreglos conjuntos y arreglos de otra índole, entre ellos, acuerdos con Estados y organizaciones internacionales;

(b) Adquirir, arrendar, poseer y enajenar bienes muebles e inmuebles;

(c) Ser parte en procedimientos judiciales.

Posición de la Empresa respecto de los procedimientos judiciales

Artículo 19

1. Podrán interponerse acciones judiciales contra la Empresa ante los tribunales competentes de Jamaica.

2. Los bienes y haberes de la Empresa, dondequiera y en poder de quienquiera que se hallen, gozarán de inmunidad contra cualquier forma de incautación, embargo o ejecución mientras no se dicte sentencia firme contra la Empresa.

Inmunidad de los bienes y haberes de la Empresa

Artículo 20

1. Los bienes de la Empresa, dondequiera y en poder de quienquiera que se hallen, gozarán de inmunidad de requisa, confiscación, expropiación y cualquier otra forma de incautación por decisión ejecutiva o legislativa.

2. Los bienes y haberes de la Empresa, dondequiera y en poder de quienquiera que se hallen, estarán exentos de todo tipo de restricciones, reglamentaciones, controles y moratorias de carácter discriminatorio.

Respeto de las leyes de Jamaica por la Empresa

Artículo 21

La Empresa respetará las leyes de Jamaica.

Derechos, privilegios e inmunidades de la Empresa

Artículo 22

1. El Gobierno velará por que la Empresa goce de todos los derechos, privilegios e inmunidades que reconozca a las entidades que realicen actividades comerciales en su territorio. Los derechos, privilegios e inmunidades reconocidos a la Empresa no serán menos favorables que los reconocidos a las entidades que

realicen actividades comerciales similares. En los casos en que Jamaica otorgue privilegios especiales a Estados en desarrollo o a las entidades comerciales de éstos, la Empresa gozará de esos privilegios en forma igualmente preferencial.

2. El Gobierno podrá otorgar incentivos, derechos, privilegios e inmunidades especiales a la Empresa sin estar obligado a otorgarlos a otras entidades comerciales.

Exención de impuestos directos e indirectos

Artículo 23

El Gobierno y la Empresa celebrarán acuerdos especiales respecto de la exención del pago por la Empresa de impuestos directos e indirectos.

Facilidades financieras para la Empresa

Artículo 24

La Empresa tendrá la facultad de obtener fondos en préstamo y de dar las garantías o cauciones que determine. Antes de proceder a una venta pública de sus obligaciones en el mercado financiero o en la moneda de Jamaica, la Empresa obtendrá la aprobación del Gobierno.

Renuncia de la Empresa a la inmunidad

Artículo 25

La Empresa podrá renunciar, en la medida y las condiciones que determine, a cualquiera de los privilegios e inmunidades concedidos por los artículos 18, 19, 20, 21, 22 y 23 del presente Acuerdo o por los acuerdos especiales mencionados en el artículo 51.

Libertad de acceso y residencia

Artículo 26

1. El Gobierno adoptará todas las medidas necesarias para facilitar el ingreso y la residencia en territorio de Jamaica de las personas que se indicant a continuación; no pondrá obstáculo a su partida del territorio de Jamaica, velará por que no se impida su desplazamiento hacia o desde la sede y les proporcionará la protección necesaria a esos efectos:

(a) Los representantes de miembros de la Autoridad y de observadores de la Autoridad, incluidos los representantes suplentes, los asesores, los expertos y el personal, así como sus cónyuges, familiares a cargo y personal doméstico;

(b) Los funcionarios de la Autoridad, sus cónyuges, familiares a cargo y personal doméstico;

(c) Los funcionarios de las Naciones Unidas o de cualquiera de sus organismos especializados o del Organismo Internacional de Energía Atómica, adscritos a la Autoridad o en el desempeño de sus funciones oficiales en la Autoridad, así como sus cónyuges, familiares a cargo y personal doméstico;

(d) Los representantes de otras organizaciones con las cuales la Autoridad haya establecido relaciones oficiales y que se encuentren en el ejercicio de sus funciones oficiales en la Autoridad, así como sus cónyuges y familiares a cargo;

(e) Las personas en misión para la Autoridad que no sean funcionarios de ésta, así como sus cónyuges y familiares a cargo;

(f) Los representantes de los medios de prensa, radio, cine, televisión y otros medios de información acreditados ante la Autoridad y aceptados por ésta previa consulta con el Gobierno;

(g) Todas las personas invitadas por la Autoridad a la sede para asuntos oficiales. El Secretario General comunicará los nombres de esas personas al Gobierno antes de la fecha prevista para su ingreso.

2. El presente artículo no se aplicará si se produce una interrupción general del transporte, en cuyo caso se aplicará lo dispuesto en el párrafo 2 del artículo 9, y no se entenderá en perjuicio de las leyes generalmente aplicables sobre el funcionamiento de los medios de transporte.

3. Los visados que necesiten las personas a que se hace referencia en el párrafo 1 serán expedidos sin cargo y a la mayor brevedad posible.

4. Las actividades que realicen a título oficial respecto de la Autoridad las personas a que se hace referencia en el párrafo 1 no constituirán motive para impedir su ingreso o salida del territorio de Jamaica ni para exigirles que hagan abandono de él.

5. El Gobierno no podrá obligar a ninguna de las personas a que se hace referencia en el párrafo 1 a abandonar el territorio de Jamaica, salvo que hubieran abusado del derecho de residencia, en cuyo caso se aplicarán las disposiciones siguientes:

(a) No se entablará acción alguna para obligar a esas personas a salir del territorio de Jamaica sin la aprobación previa del Ministro de Relaciones Exteriores de Jamaica;

(b) Si se tratare del representante de un miembro de la Autoridad o de un Estado observador, la aprobación se concederá solamente previa consulta con el Gobierno del miembro u observador de que se trate;

(c) Si se tratare de cualquiera de las demás personas a que se hace referencia en el párrafo 1, la aprobación se concederá sólo previa consulta con el Secretario General, y si se entablare un procedimiento judicial para la expulsión de esa persona, el Secretario General tundra derecho a comparecer o a hacerse representar en dicho procedimiento en nombre de la persona contra la cual éste haya sido entablado; y

(d) Los funcionarios de la Autoridad que tengan derecho a privilegios e inmunidades diplomáticas en virtud del artículo 34 no podrán ser obligados a abandonar Jamaica salvo con arreglo al procedimiento normalmente aplicable a los miembros de categoría análoga de las misiones diplomáticas acreditadas en Jamaica.

6. Queda entendido que las personas a que se hace referencia en el párrafo 1 no estarán exentas de la aplicación, dentro de límites razonables, de las normas sobre cuarentena y demás normas sanitarias.

7. Lo dispuesto en el presente artículo no impedirá que se exijan pruebas razonables de que las personas que hacen valer los derechos concedidos por este artículo están comprendidas en las categorías indicadas en el párrafo 1.

8. El Secretario General y las autoridades competentes celebrarán consultas, por incitativa de cualquiera de ellos, acerca de los medios de facilitar la entrada a Jamaica de las personas procedentes del extranjero que deseen visitor la sede y no gocen de los privilegios e inmunidades previstos en los artículos 33, 34, 35 y 36.

Establecimiento de misiones

Artículo 27

1. Los miembros de la Autoridad podrán establecer misiones permanents y los Estados observadores podrán establecer misiones permanentes de observación en Jamaica a los efectos de estar representados ante la Autoridad. Las misiones estarán acreditadas ante la Autoridad.

2. Los miembros de la Autoridad y los Estados observadores notificarán al Secretario General su intención de establecer misiones permanentes o misiones de observación.

3. Al recibir la notificación, el Secretario General notificará a su vez al Gobierno la intención de un miembro de la Autoridad o de un Estado observador de establecer una misión permanente o de una misión permanente de observación.

4. La misión permanente o la misión permanente de observación notificará al Secretario General los nombres de sus miembros, así como los nombres de sus cónyuges y de sus familiares a cargo.

5. El Secretario General comunicará al Gobierno una lista de las personas a que se hace referencia en el párrafo 4 y revisará esa lista periódicamente según sea necesario.

6. El Gobierno proporcionará a los miembros de la misión permanente o de la misión permanente de observación, así como a sus cónyuges y familiars a cargo, tarjetas de identidad en que se certifique que gozan de los privilegios, inmunidades y facilidades especificados en el presente Acuerdo. La tarjeta servirá para identificar al tenedor ante las autoridades competentes.

Prerrogativas e inmunidades de las misiones

Artículo 28

Las misiones permanentes o las misiones permanentes de observación gozarán de las mismas prerrogativas e inmunidades que se reconozcan a las misiones diplomáticas acreditadas en Jamaica.

Prerrogativas e inmunidades de los miembros de las misiones

Artículo 29

Los miembros de las misiones permanentes de observación tendrán derecho a las mismas prerrogativas e inmunidades que el Gobierno concede a los miembros de rango comparable de las misiones diplomáticas acreditadas en Jamaica.

Notificación

Artículo 30

1.   Los miembros de la Autoridad o los Estados observadores notificarán a la Autoridad el nombramiento, cargo y título de los miembros de las misiones permanentes o las misiones de observación, así como su llegada, su salida definitive o la terminación de sus funciones en la misión y los demás cambios que afecten a su condición y se produzcan en el curso de sus servicios en la misión.

2.   La Autoridad transmitirá al Gobierno la información a que se hace referencia en el párrafo 1.

Asistencia prestada por la Autoridad en materia de prerrogativas e inmunidades

Artículo 31

1.   Cuando sea necesario, la Autoridad prestará asistencia a los miembros de la Autoridad o a los Estados observadores, a sus misiones permanentes y a los miembros de esas misiones a los efectos del goce de las prerrogativas e inmunidades previstos en el presente Acuerdo.

2.   Cuando sea necesario, la Autoridad prestará asistencia al Gobierno a los efectos de asegurar el cumplimiento de las obligaciones de los miembros de la Autoridad y de los Estados observadores, sus misiones y los miembros de ellas respecto de las prerrogativas e inmunidades previstas en el presente Acuerdo.

Prerrogativas e inmunidades de los funcionarios de la Autoridad

Artículo 32

1.   Sin perjuicio de lo dispuesto en el artículo 34, los funcionarios de la Autoridad, cualquiera que sea su nacionalidad y rango, gozarán en territorio de Jamaica de las prerrogativas e inmunidades siguientes:

(a)   Inmunidad de jurisdicción por las declaraciones que formulen verbalmente o por escrito y por los actos que realicen en el desempeño de sus funciones oficiales; la inmunidad subsistirá incluso después de que hayan dejado de ser funcionarios de la Autoridad;

(b)   Inmunidad de arresto o detención por los actos que realicen en el desempeño de sus funciones oficiales;

(c)   Inmunidad de inspección y confiscación de sus efectos y equipaje personales y oficiales, salvo en caso de delito flagrante. En tales casos las autoridades competentes deberán informar de inmediato al Secretario General. La inspección, en el caso de los efectos personales, sólo podrá llevarse a cabo en presencia del funcionario interesado o de su representante autorizado y, cuando se trata del equipaje oficial, en presencia del Secretario General o su representante autorizado;

(d)   Exención de impuestos respecto de los sueldos y emolumentos o cualesquiera otras retribuciones que pague la Autoridad;

(e)   Exención de toda clase de impuestos sobre la renta que obtengan de fuentes situadas fuera del territorio de Jamaica;

(f) Exención del pago de derecho de matrícula de sus automóviles;

(g) Exención de las restricciones en materia de inmigración y las formalidades de registro de extranjeros;

(h) Exención de las obligaciones relativas al servicio nacional con la salvedad de que, tratándose de nacionales de Jamaica, la exención estará limitada a los funcionarios de la Autoridad cuyos nombres figuren, en razón de sus cargos, en una lista preparada por el Secretario General y aprobada por el Gobierno y con la salvedad adicional de que, en caso de que los funcionarios de la Autoridad que fuesen nacionales de Jamaica y no estuviesen incluidos en esa lista fuesen llamados a prestar servicio nacional, el Gobierno, previa solicitud del Secretario General, lo diferirá temporalmente por el tiempo que sea necesario para no interrumpir las actividades esenciales de la Autoridad;

(i) Derecho de adquirir combustible libre de impuestos para sus vehículos, en condiciones similares a las reconocidas a los miembros de las misiones diplomáticas acreditadas en Jamaica;

(j) Exención de restricciones a los desplazamientos y viajes dentro de Jamaica con fines oficiales;

(k) Las mismas facilidades cambiarias, incluida la tenencia de cuentas en divisas, que las otorgadas a los miembros de las misiones diplomáticas acreditadas en Jamaica;

(l) Las mismas facilidades en materia de protección y repatriación que se concedan a los miembros de las misiones diplomáticas acreditadas en Jamaica en tiempos de crisis internacional;

(m) Derecho de importar para su uso personal, libre de derechos y otros impuestos, y libre de prohibiciones y restricciones de importación:

   (i) Sus muebles, enseres domésticos y efectos personales en uno o más embarques y, posteriormente, los artículos adicionales necesarios para complementar esos muebles y efectos;

   (ii) De conformidad con la legislación aplicable de Jamaica, un automóvil cada tres años y en los casos en que el funcionario esté acompañado de familiares a cargo, dos automóviles, sobre la base de una solicitud al respecto presentada al Gobierno por el Secretario General; no obstante, el Secretario General y el Gobierno podrán convenir en que la reposición tenga lugar antes de ese plazo en caso de pérdida, daños considerables u otras causas; los automóviles podrán venderse en Jamaica después de su importación, con sujeción a las leyes relativas al pago de derechos de aduana y a las prácticas diplomáticas establecidas en Jamaica durante el período en que el funcionario preste sus servicios. Después de tres años, esos automóviles podrán venderse sin pago de derechos de aduana;

   (iii) Cantidades razonables de ciertos artículos, entre ellos licores, tabaco, cigarrillos y comestibles para su uso o consumo personal, pero no para regalo ni para la venta. La Autoridad podrá establecer un economato para la venta de esos artículos a sus funcionarios y a los miembros de las delegaciones. Se concertará un acuerdo complementario entre el Secretario General y el Gobierno para reglamentar el ejercicio de esos derechos.

2.   Las facilidades, privilegios e inmunidades concedidas a los funcionarios de la Autoridad en los incisos g), h), j) y l) del párrafo 1 serán también aplicables a sus cónyuges y familiares a cargo.

Prerrogativas e inmunidades adicionales del Secretario General y otros altos funcionarios de la Autoridad

Artículo 33

1.   El Secretario General y el Director General gozarán de las mismas prerrogativas e inmunidades otorgadas a los jefes de las misiones diplomáticas acreditadas en Jamaica.

2.   Los funcionarios de la Autoridad de categoría P-4 y superiores, así como las demás categorías de funcionarios de la Autoridad que designe el Secretario General en un acuerdo con el Gobierno en razón de las funciones inherentes a sus cargos en la Autoridad, gozarán, cualquiera que sea su nacionalidad, de las prerrogativas e inmunidades que el Gobierno reconoce a los miembros de rango comparable de las misiones diplomáticas acreditadas en Jamaica.

Aplicación del Acuerdo a los funcionarios de otras organizaciones internacionales

Artículo 34

Lo dispuesto en los artículos 32, 33, párrafo 2, y 36 será aplicable a los funcionarios de las Naciones Unidas, sus organismos especializados y el Organismo Internacional de Energía Atómica, adscritos a la Autoridad en forma permanente.

Prerrogativas e inmunidades de los expertos

Artículo 35

1.   Los expertos que no sean funcionarios de la Autoridad gozarán, mientras se encuentren en el ejercicio de las funciones que les hayan sido asignadas por la Autoridad, o en el curso de su viaje para hacerse cargo de esas funciones o desempeñarlas, de las siguientes prerrogativas, facilidades e inmunidades necesarias para el ejercicio efectivo de ellas:

(a)   Inmunidad de jurisdicción por las declaraciones que formulen verbalmente o por escrito y por los actos que realicen en el desempeño de sus funciones oficiales; la inmunidad subsistirá incluso después de que hayan cesado en el ejercicio de sus funciones en la Autoridad;

(b)   Inmunidad de arresto o detención por los actos que realicen en el desempeño de sus funciones oficiales;

(c)   Inmunidad de inspección y confiscación de sus efectos y equipaje personales y oficiales, salvo en caso de delito flagrante. En tales casos las autoridades competentes deberán informar de inmediato al Secretario

General. La inspección, en el caso de los efectos personales, sólo podrán llevarse a cabo en presencia del funcionario interesado o de su representante autorizado y, cuando se trate del equipaje oficial, en presencia del Secretario General o su representante autorizado;

(d) Exención de impuestos respecto de los sueldos, emolumentos, y cualesquiera otras retribuciones que les pague la Autoridad en el entendimiento de que los nacionales de Jamaica podrán gozar de dichas exenciones en la medida en que las acuerde el Gobierno;

(e) Inviolabilidad de todos los documentos y otros efectos oficiales;

(f) El derecho, a los efectos de las comunicaciones con la Autoridad, de utilizar claves y despachar o recibir documentos, correspondencia u otros efectos oficiales por correo diplomático o en valijas selladas;

(g) Exención de las restricciones en materia de inmigración, las formalidades de registro de extranjeros y las obligaciones del servicio nacional;

(h) Las mismas facilidades en materia de protección y repatriación que se concedan a los miembros de las misiones diplomáticas acreditadas en Jamaica;

(i) Las mismas prerrogativas en materia de restricciones monetarias y cambiarias que se concedan a los representantes de gobiernos extranjeros en misión oficial temporal.

2.   Las facilidades, prerrogativas e inmunidades concedidas a los expertos en los incisos g) y h) del párrafo 1 serán también aplicables a sus cónyuges y familiares a cargo.

Renuncia a la inmunidad de los funcionarios de la Autoridad y los expertos

Artículo 36

Las prerrogativas e inmunidades de los funcionarios de la Autoridad y de los expertos se otorgan en interés de ésta y no para su beneficio personal. El Secretario General tendrá el derecho y la obligación de renunciar a la inmunidad de los funcionarios de la Autoridad o los expertos en los casos en que, a su juicio, dicha inmunidad entorpecería la marcha de la justicia, y siempre que la renuncia no redunde en perjuicio de los intereses de la Autoridad. Tratándose del Secretario General, el derecho a renunciar a su inmunidad corresponderá al Consejo.

Lista de funcionarios de la Autoridad y de expertos

Artículo 37

El Secretario General transmitirá al Gobierno una lista de las personas a que se hace referencia en los artículos 32, 33, 34 y 35 y la pondrá al día periódicamente según proceda.

Abuso de las prerrogativas e inmunidades

Artículo 38

1.   El Secretario General tomará todas las precauciones necesarias para impeder que se abuse de las prerrogativas e inmunidades concedidas en virtud del

presente Acuerdo; para esos efectos, el Consejo adoptará las normas y regla- mentos que considere necesarios y oportunos para los funcionarios de la Autoridad.

2.   Si el Gobierno considerase que ha habido un abuso de las prerrogativas e inmunidades concedidas en virtud del presente Acuerdo, el Secretario General, previa solicitud, celebrará consultas con el Gobierno para determinar si realmente se ha producido ese abuso. Si las consultas no arrojasen un resultado satisfactorio para el Secretario General o para el Gobierno, la cuestión será dirimida de conformidad con el procedimiento estipulado en el artículo 48.

Tarjeta de identidad

Artículo 39

El Gobierno proporcionará a los funcionarios de la Autoridad y a los expertos una tarjeta de identidad en que se certifique que tienen derecho a los privilegios, inmunidades y facilidades especificados en el presente Acuerdo. La tarjeta servirá para identificar al tenedor ante las autoridades competentes.

Cooperación con las autoridades competentes

Artículo 40

La Autoridad cooperará en todo momento con las autoridades competentes para facilitar la buena administración de justicia, velar por el cumplimiento de las reglamentaciones de policía e impedir abusos en relación con los privilegios, inmunidades y facilidades a que se hace referencia en el presente Acuerdo.

Respeto de las leyes de Jamaica

Artículo 41

Sin perjuicio de los privilegios, inmunidades y facilidades reconocidos por el presente Acuerdo, todas las personas que los disfruten están obligadas a respetar las leyes de Jamaica. Están obligadas asimismo a no injerirse en los asuntos internos de Jamaica.

Laissez-passer

Artículo 42

1.   El Gobierno reconocerá la validez de los *laissez-passer* expedidos a los funcionarios de la Autoridad y los aceptará como documentos de viaje válidos equivalentes a un pasaporte.

2.   El Gobierno reconocerá y aceptará los certificados expedidos a los expertos y demás personas que viajen por asuntos de la Autoridad. El Gobierno conviene en expedir sobre la base de esos certificados, los visados que sean necesarios.

3.   Las solicitudes de visados presentadas por los tenedores de *laissez-passer,* acompañadas por un certificado en que conste que viajan por asuntos de la Autoridad, serán tramitadas con la mayor celeridad posible.

4.   Se concederán facilidades similares a las indicadas en el párrafo 3 del presente artículo a los expertos y demás personas que, aunque no sean tenedores de *laissez-passer*, tengan certificados en que conste que viajan por asuntos de la Autoridad.

Seguridad social y cajas de pensiones

Artículo 43

1.   La Caja Común de Pensiones del Personal de las Naciones Unidas tendrá, cuando la Autoridad quede afiliada a ella, capacidad jurídica en Jamaica y gozará de las mismas exenciones, privilegios e inmunidades que la propia Autoridad.

2.   La Autoridad estará exenta de toda aportación obligatoria a un sistema de seguridad social de Jamaica y el Gobierno no podrá exigir que los funcionarios de la Autoridad se afilien a un sistema de esa índole.

3.   El Gobierno adoptará las disposiciones necesarias para que los funcionarios de la Autoridad que no estén protegidos por un sistema de seguridad social de la Autoridad puedan afiliarse, si ésta lo pide, a un sistema de seguridad social que exista en Jamaica. La Autoridad, en la medida en que sea possible y en las condiciones que se convengan, tomará disposiciones para que los funcionarios de contratación local que no estén afiliados a la Caja Común de Pensiones del Personal de las Naciones Unidas o a los que Autoridad no conceda una protección de seguridad social por lo menos equivalente a la ofrecida con arreglo a la legislación de Jamaica puedan afiliarse a un sistema de seguridad social que exista en el país.

Responsabilidad y seguros

Artículo 44

1.   Jamaica no incurrirá, por el hecho de que la sede esté situada en su territorio, en responsabilidad internacional por los actos realizados o las omisiones cometidas por la Autoridad o sus funcionarios dentro del ámbito de sus funciones, excepción hecha de la responsabilidad internacional que le incumbiría en su calidad de miembro de la Autoridad.

2.   Sin perjuicio de las inmunidades que le corresponden en virtud del presente Acuerdo, la Autoridad contratará seguros que cubran la responsabilidad por los daños y perjuicios que puedan sufrir el Gobierno o personas que no sean funcionarios de la Autoridad como resultado de las actividades de la Autoridad en Jamaica o de su utilización de la sede. A esos efectos, las autoridades competentes harán todo lo posible por obtener para la Autoridad un seguro, con primas razonables, que permita a quienes hayan sufrido daños o perjuicios presentar su reclamación directamente al asegurador. Sin perjuicio de los privilegios e inmunidades de la Autoridad, las reclamaciones y la responsabilidad se regirán por las leyes de Jamaica.

Seguridad

Artículo 45

Sin perjuicio de que la Autoridad desempeñe sus funciones en forma normal y sin limitaciones, el Gobierno, previa consulta con el Secretario General, podrá tomar todas las medidas preventivas que sean necesarias para preservar la seguridad nacional de Jamaica.

Responsabilidad del Gobierno

Artículo 46

Incumbirá en definitiva al Gobierno la responsabilidad de que las autoridades competentes cumplan las obligaciones que les imponga el presente Acuerdo.

Acuerdo especial relativo a la Empresa

Artículo 47

Las disposiciones del presente Acuerdo relativas a la Empresa podrán complementarse con un acuerdo especial que se concertará entre la Empresa y el Gobierno de conformidad con el párrafo 1 del artículo 13 del anexo IV de la Convención.

Arreglo de controversias

Artículo 48

1.   La Autoridad tomará las disposiciones que corresponda para el arreglo satisfactorio de las controversias:

   (a)   Que dimanen de contratos o se refieran a cuestiones de derecho privado en que la Autoridad sea parte;

   (b)   En que tenga participación un funcionario de la Autoridad u otra persona que, en razón de su título oficial, goce de inmunidad, si no se hubiere renunciado a ella.

2.   Las controversias entre la Autoridad y las autoridades competentes que se refieran a la interpretación o aplicación del presente Acuerdo u otro acuerdo complementario, o a cualquier cuestión que afecte a la sede o a la relación entre la Autoridad y el Gobierno, y que no sean resueltas mediante consultas, negociaciones u otro medio convenido de arreglo dentro de los tres meses siguientes a la petición que en ese sentido formule una de las partes en la controversia serán sometidas, a solicitud de cualquiera de las partes en la controversia, a la decisión definitiva y obligatoria de un tribunal integrado por tres árbitros: uno designado por el Secretario General y otro designado por el Gobierno. Si una o ambas de las designaciones no se efectúan dentro de los tres meses siguientes a la solicitud de arbitraje, el Presidente del Tribunal Internacional del Derecho del Mar efectuará el nombramiento. El tercer árbitro, que presidirá el Tribunal, será elegido por los dos primeros árbitros. Si los dos primeros árbitros no convinieren en el nombramiento del tercero dentro de los tres meses siguientes a su designación o nombramiento, el tercer árbitro sera elegido por el Presidente del Tribunal Internacional del Derecho del Mar, a solicitud de la Autoridad o del Gobierno.

Aplicación del Acuerdo

Artículo 49

El presente Acuerdo será aplicable con prescindencia de que el Gobierno mantenga o no relaciones diplomáticas con el miembro de la Autoridad o el Estado observador de que se trate. Será aplicable a todas las personas que tengan derecho a los privilegios e inmunidades en él establecidos, cualquiera que sea su nacionalidad, y sea que su propio país conceda o no privilegios o inmunidades similares a los agentes diplomáticos o a los nacionales de Jamaica.

Relación entre el Acuerdo y el Protocolo

Artículo 50

Las disposiciones del presente Acuerdo complementarán a las del Protocolo. Cuando alguna disposición del presente Acuerdo y alguna disposición del Protocolo se refieran a la misma cuestión, ambas se considerarán complementarias en la medida de lo posible, de manera que ambas serán aplicables y ninguna de ellas redundará en desmedro de la vigencia de la otra; sin embargo, en caso de conflicto, prevalecerá lo dispuesto en el presente Acuerdo.

Acuerdos complementarios

Artículo 51

1.   La Autoridad y el Gobierno podrán concertar los acuerdos complementarios que sean necesarios.

2.   El Gobierno, si concertara un acuerdo con una organización intergubernamental que enunciara condiciones más favorables para ella que las que enuncia el presente Acuerdo, y en la medida en que lo sean, las hará extensivas a la Autoridad mediante un acuerdo complementario.

3.   Lo dispuesto en el párrafo 2 no será aplicable a las condiciones que conceda el Gobierno en virtud de un acuerdo por el cual se establezca una unión aduanera, una zona de libre comercio o una organización de integración.

Enmiendas

Artículo 52

Cualquiera de las partes podrá pedir que se celebren consultas respecto de enmiendas del presente Acuerdo, las cuales se harán de común acuerdo expresado en un canje de cartas o en un convenio concertado entre la Autoridad y el Gobierno.

Terminación del Acuerdo

Artículo 53

El presente Acuerdo dejará de estar en vigor por consentimiento mutuo de la Autoridad y el Gobierno, con excepción de las disposiciones necesarias para poner fin de manera ordenada a las actividades de la Autoridad en su sede en Jamaica y para disponer de sus bienes situados en ella.

Cláusulas finales

Artículo 54

1.   El presente Acuerdo entrará en vigor al momento de su aprobación por la Asamblea de la Autoridad y el Gobierno de Jamaica.

2.   El presente Acuerdo será aplicado provisionalmente por la Autoridad y el Gobierno tras su firma por el Secretario General de la Autoridad y por el Gobierno de Jamaica.

ACUERDO COMPLEMENTARIO ENTRE LA AUTORIDAD INTERNACIONAL DE LOS FONDOS MARINOS Y EL GOBIERNO DE JAMAICA RELATIVO A LA SEDE DE LA AUTORIDAD INTERNACIONAL DE LOS FONDOS MARINOS Y AL USO DEL CENTRO DE CONFERENCIAS DE JAMAICA

De conformidad con el Acuerdo entre la Autoridad Internacional de los Fondos Marinos (en adelante, "la Autoridad") y el Gobierno de Jamaica (en adelante, "el Gobierno") relativo a la sede de la Autoridad, concertado en Kingston (Jamaica) el 26 de agosto de 1999 (en adelante, "el Acuerdo relativo a la sede");

Considerando que, de conformidad con el artículo 2 del Acuerdo relativo a la sede, el Gobierno se comprometió a conceder a la Autoridad, para su uso y ocupación permanentes, el recinto y las instalaciones que se especificaran en acuerdos complementarios que se concertarían para esos efectos;

Deseando en consecuencia concertar dicho acuerdo, que sirva de complemento al Acuerdo relativo a la sede, a fin de regular las condiciones en que la Autoridad podrá usar y ocupar su sede y establecer las cláusulas bajo las cuales la Autoridad podrá hacer uso de las instalaciones del Centro de Conferencia de Jamaica para sus reuniones;

Las Partes en el presente Acuerdo han convenido en lo siguiente:

Términos empleados

Artículo 1

1. Los términos empleados en el presente Acuerdo se entenderán con el mismo significado que los utilizados en el Acuerdo relativo a la sede.

2. El presente Acuerdo incluye anexos, que se considerarán parte integrante del mismo.

Propósito y alcance

Artículo 2

El presente Acuerdo establece las condiciones y cláusulas que gobiernan el uso y la ocupación por parte de la Autoridad de las instalaciones concedidas por el Gobierno como sede permanente de la Autoridad en Kingston (Jamaica) y el uso del Centro de Conferencias de Jamaica por la Autoridad para la realización de sus actividades.

Concesión de los locales

Artículo 3

En virtud del presente Acuerdo el Gobierno concede a la Autoridad todos los locales y en particular los descritos en el anexo I (en adelante "Los locales") por un plazo de 99 años, libres de gastos de alquiler o de otro tipo, excepto los expresamente previstos en este documento, para su uso como la sede permanente de la Autoridad en Kingston (Jamaica), junto con un derecho de acceso a los locales, un derecho compartido con los otros ocupantes del edificio en que se encuentran dichos locales a utilizar las instalaciones comunes, ascensores, sistemas contra incendios, aire acondicionado, estacionamiento y otras zonas comunes del edificio. En caso de que la autoridad necesitase usar y ocupar espacio adicional en el edificio, se procederá a reformar el anexo I, al que se aplicarán las disposiciones del presente Acuerdo *mutatis mutandis.*

Uso y ocupación de los locales

Artículo 4

1.   Los locales serán usados y ocupados por la Autoridad como su sede permanente en Kingston (Jamaica).

2.   La Autoridad tendrá derecho a gozar de forma pacífica y continuada de la posesión y el uso de los locales, sin interrupciones ni perturbaciones indebidas, para la práctica de sus actividades oficiales. El Gobierno hará todo lo posible para garantizar que el uso de los espacios que se hallen en las inmediaciones de los locales no disminuya la utilidad de los locales para la Autoridad.

3.   La Autoridad tomará todas las medidas necesarias para que los locales no se destinen a fines distintos de los establecidos y para que el terreno y los edificios situados en sus inmediaciones no sean obstruidos sin causa razonable.

Gastos de funcionamiento de los locales

Artículo 5

1.   Durante el plazo establecido en el presente Acuerdo, la Autoridad contribuirá con una suma proporcional al área ocupada por ella al pago de los gastos que haga el Gobierno en relación con el mantenimiento y desgaste normal del edificio en el que se encuentran los locales, según lo indicado en el anexo II (en adelante, "la contribución mensual de mantenimiento").

2.   La contribución mensual de mantenimiento será pagadera a final de cada mes y constituirá la única contribución de la Autoridad al pago de los gastos de uso y ocupación de los locales. La autoridad deberá abonar directamente los gastos de suministro de electricidad en los locales ocupados por ella.

3.   La contribución mensual de mantenimiento se revisará a los tres años de la fecha en que el presente acuerdo comience a surtir efecto y cada dos años con

posterioridad a ella. A la vista de la revisión, el Gobierno y la Autoridad podrán introducir de mutuo acuerdo los ajustes que consideren pertinentes en el anexo II. Si aparecen en circunstancias especiales que exigen una revisión antes de que expire el plazo de dos años a partir de la fecha de la última practicada, cualquiera de las partes podrá solicitar tal revisión de la contribución mensual de mantenimiento en cualquier momento de conformidad con la disposiciones del artículo 17.

Reformas, elementos accesorios, instalaciones y mantenimiento de los locales

Artículo 6

1.   El Gobierno está obligado a mantener en buen estado y a su propia costa los locales, el terreno y el edificio en el que se encuentran aquéllos, y deberá conservar el exterior de dichos terrenos y edificios y de las zonas comunes, incluidos ascensores, sistemas de protección contra incendios y aire acondicionado, en condiciones adecuadas, atractivas y operativas.

2.   El Gobierno deberá, a su propia costa, proveer los locales de agua, electricidad y cualesquiera otros servicios e instalaciones necesarios para que la Autoridad pueda realizar sus funciones. Los servicios de ascensores, aire acondicionado y limpieza se facilitarán según lo indicado en el anexo II.

3.   El Gobierno deberá sufragar, a su propia costa, los gastos de restauración, renovación y reparaciones importantes o mantenimiento de gran entidad de los locales, incluidas las reformas estructurales y la sustitución de elementos de los edificios, las instalaciones, los accesorios y los equipos, tales como los de control del edificio, aire acondicionado, tuberías, fontanería y cableado eléctrico.

4.   A instancias del Secretario General, el Gobierno deberá facilitar la instalación de los equipos a que se hace referencia en el párrafo 6 del artículo 10 del Acuerdo relativo a la sede a fin de que la Autoridad pueda contar con su propio sistema de telecomunicaciones.

5.   La Autoridad notificará las reparaciones necesarias que sean responsabilidad del Gobierno a las autoridades competentes, que, en nombre del Gobierno, actuarán de forma inmediata y efectiva para hacerles frente.

6.   Previa notificación a las autoridades competentes, la Autoridad podrá, a su propia costa, añadir accesorios y hacer alteraciones e instalaciones en los locales para sus propios fines. Siempre que realicen alteraciones estructurales, la Autoridad deberá obtener el consentimiento de las autoridades competentes y tener en cuenta las normas de construcción del país anfitrión.

7.   El equipo, accesorios e instalaciones construidos o instalados por la Autoridad, excepto los que tengan carácter permanente, no pasarán a formar parte del inmueble y podrán ser retirados por la Autoridad en cualquier momento o una vez acabe el plazo establecido en el presente Acuerdo o cualquier renovación del mismo, excepto cuando la Autoridad convenga en venderlos al Gobierno, previa solicitud de este último notificada a la Autoridad con 30 días de antelación; en este caso el Gobierno reembolsará a la Autoridad su costo según la valoración contable. Tras retirar el equipo, accesorios o instalaciones que ha construido, la Autoridad

deberá, a solicitud del Gobierno, devolver los locales al mismo estado que tenían cuando tomó posesión de ellos, sin perjuicio del desgaste normal y razonable y los daños causados por elementos o circunstancias fuera del control de la Autoridad.

Daños o destrucción de los locales

Artículo 7

1.   La Autoridad no se hará responsable de la restauración o la reconstrucción de los locales en caso de daños o destrucción causados por incendios o cualquier otra causa externa, incluida la fuerza mayor.

2.   En caso de destrucción total de los locales o del edificio del que forman parte a causa de incendio, fuerza mayor o por cualquier otro motivo, el presente Acuerdo quedará sin efecto, al igual que las obligaciones de pago asumidas por la Autoridad en su virtud. En este caso, el Gobierno deberá proporcionar a la autoridad otros locales adecuados.

3.   En caso de destrucción parcial de los locales o del edificio del que forman parte, la Autoridad podrá optar por continuar con el Acuerdo si, en los 60 días posteriores al siniestro, el Gobierno la convence de que se han tomado o se han propuesto las medidas adecuadas para reparar los locales en un plazo razonable. Si la Autoridad optara por continuar ocupando los locales parcialmente inutilizados, tendrá derecho a una rebaja o reducción proporcional de los pagos que haya realizado o que deba realizar al Gobierno de conformidad con el presente Acuerdo.

Acceso a los locales

Artículo 8

Sin perjuicio de lo dispuesto en el artículo 5 del Acuerdo relativo a la sede, la Autoridad deberá, previa solicitud, permitir la entrada a los locales de los representantes debidamente autorizados de las autoridades competentes del Gobierno para inspeccionar los edificios, servicios e instalaciones de los locales en condiciones que no perturben injustificadamente el cumplimiento de las funciones de la Autoridad, siempre que realice la debida notificación y se tenga el consentimiento previo del Secretario General.

Uso del Centro

Artículo 9

1.   En virtud del presente Acuerdo el Gobierno conviene en poner a disposición de la Autoridad siempre que sea necesario y previa solicitud por escrito con un mínimo de 30 días de antelación, el Centro de Conferencias de Jamaica (en adelante el "Centro"), para su utilización en la celebración de reuniones, conferencias, consultas, programas y cualesquiera otras actividades relativas a las funciones de la Autoridad.

2.   Las tarifas aplicadas a la Autoridad por su uso del Centro no podrán ser superiores a las que se exijan al Gobierno, sus organismos u otras entidades y organizaciones locales.

Instalaciones, servicios y mantenimiento del Centro

Artículo 10

1.   Para los efectos del cumplimiento de las disposiciones contenidas en el párrafo 1 del artículo 9 del presente Acuerdo, el Gobierno deberá facilitar a la Autoridad durante el período de uso las siguientes instalaciones y servicios:

   a)   Uso pleno y exclusivo de las salas de conferencias, comedores y otros servicios;
   b)   Oficina de correos e instalaciones de telefonía y fax;
   c)   Estacionamientos.

2.   Durante el período de uso, el Gobierno deberá mantener las instalaciones descritas en el párrafo 1 en buenas condiciones y deberá facilitar:

   a)   Servicios de mantenimiento del Centro, incluidos la ventilación y el aire acondicionado;
   b)   Todos los suministros y demás servicios incluidos el agua, la electricidad, el aire acondicionado y el gas;
   c)   Mantenimiento del equipo contra incendios y los sistemas de detección de incendios;
   d)   Mantenimiento y reparación de cocinas;
   e)   Mantenimiento y reparación de los equipos electrónicos;
   f)   Mantenimiento y reparación de los equipos de aire acondicionado;
   g)   Servicios de conserjería;
   h)   Servicios de seguridad;
   i)   Estacionamientos;
   j)   Cobertura de seguros según lo previsto en el artículo 11.

Seguros

Artículo 11

1.   Durante el plazo de vigencia del Acuerdo y sus extensiones, el Gobierno deberá facilitar y mantener a su propia costa un seguro contra incendios de cobertura ampliada para los locales y, durante el período de uso, para el Centro; no obstante, el Gobierno no estará obligado a asegurar los elementos accesorios, el mobiliario y el resto del equipo de propiedad de la Autoridad e instalado en los locales por ella.

2.   El Gobierno deberá contar con un seguro de responsabilidad civil para cubrir sus posibles obligaciones derivadas de la titularidad del Centro y los locales, y otro seguro de responsabilidad civil que cubra los terrenos y edificios, el estacionamiento, las aceras y otras zonas comunes.

3.   El Gobierno deberá acreditar a la Autoridad la obtención de la cobertura de seguros prevista en el presente artículo.

4.   En caso de daño o destrucción de los locales o del Centro por incendio o cualquier otra causa, el Gobierno o los aseguradores, agentes o funcionarios no podrán reclamar el reembolso de los daños a la Autoridad ni a sus agentes o empleados, que no tendrán responsabilidad civil ni pecuniaria alguna a este respecto, salvo en los supuestos de negligencia grave u omisión intencional por parte de la Autoridad.

5. Durante el plazo de vigencia del presente Acuerdo o cualquiera de sus prórrogas la Autoridad deberá contar con un seguro de responsabilidad civil según lo previsto en el artículo 44 del Acuerdo relativo a la sede.

Interrupción o restricción de los servicios

Artículo 12

1. En caso de interrupción o restricción de cualquiera de los servicios prestados o que deban prestarse en los locales o el Centro debido a huelgas, dificultades técnicas u otras causas, el Gobierno se compromete a adoptar las medidas que sean necesarias para restablecer los servicios sin demoras injustificadas. La Autoridad tendrá derecho a una rebaja o reducción proporcional de los costos de uso y ocupación previstos en el presente Acuerdo durante el período de interrupción o restricción.

2. La Autoridad deberá notificar al Gobierno cualquier interrupción o restricción y las partes celebrarán consultas a fin de determinar el alcance de la interrupción o restricción y las medidas necesarias para restablecer los servicios.

Prerrogativas e inmunidades

Artículo 13

En ningún caso podrá interpretarse lo establecido en el presente Acuerdo como una derogación o renuncia expresa o implícita de cualquiera de las prerrogativas e inmunidades de la Autoridad. Además, el presente Acuerdo se regirá por el Acuerdo relativo a la sede y deberá interpretarse y aplicarse según lo previsto en él.

Responsabilidad por las obligaciones de las autoridades competentes

Artículo 14

1. Siempre que el presente Acuerdo imponga obligaciones a las autoridades competentes, la responsabilidad de su cumplimiento recaerá sobre el Gobierno.

2. Las comunicaciones relativas a los locales y al uso del Centro se realizarán entre la Autoridad y el Gobierno. Las comunicaciones podrán dirigirse al Ministerio de Relaciones Exteriores y Comercio Exterior, incluidas las solicitudes relativas a servicios o equipamientos, reparaciones y mantenimiento. Tales comunicaciones y solicitudes se entenderán dirigidas al Gobierno.

Consultas

Artículo 15

A petición del Gobierno o de la Autoridad, podrán celebrarse consultas sobre cualquier materia relativa al uso y la gestión de los locales o del Centro que pueda afectar a los intereses de la Autoridad, con vistas a alcanzar un acuerdo satisfactorio para ambas partes.

Arreglo de controversias

Artículo 16

Cualquier controversia entre el Gobierno y la Autoridad relativa a la interpretación o la aplicación del presente Acuerdo se resolverá de conformidad con lo dispuesto en el párrafo 2 del artículo 48 del Acuerdo relativo a la sede.

Revisiones y enmiendas

Artículo 17

El presente Acuerdo, incluidos sus anexos, podrá revisarse o enmendarse en todo momento a petición de cualquiera de las partes, y las revisiones y enmiendas estarán sujetas a la celebración de consultas entre las partes y la prestación de mutuo consentimiento.

Terminación

Artículo 18

1.   El presente Acuerdo podrá quedar sin efecto por consentimiento mutuo a petición de cualquiera de las partes, que deberá comunicar a la otra con una antelación mínima de 90 días su intención de ponerle fin. El consentimiento de la otra parte no podrá denegarse de manera injustificada. En estos casos, ambas partes podrán solicitar la celebración de consultas.

2.   Una vez terminado el presente Acuerdo, la Autoridad entregará los locales al Gobierno en buen estado y en condiciones adecuadas, sin perjuicio del desgaste normal, los daños causados por los elementos y por fuerza mayor, incendio u otros riesgos asegurables.

Entrada en vigor

Artículo 19

1.   El presente Acuerdo entrará en vigor al momento de su aprobación por la Asamblea de la Autoridad y el Gobierno de Jamaica.

2.   El presente Acuerdo será aplicado provisionalmente por la Autoridad y el Gobierno tras su firma por el Secretario General de la Autoridad y por el Gobierno de Jamaica.

EN TESTIMONIO DE LO CUAL, los infrascritos, debidamente autorizados como representantes de la Autoridad Internacional de los Fondos Marinos y el Gobierno de Jamaica, han firmado el presente Acuerdo.

FIRMADO el diecisiete de diciembre de dos mil tres en Kingston (Jamaica) en dos originales redactados en idioma inglés.

POR LA AUTORIDAD
INTERNACIONAL DE LOS
FONDOS MARINOS:

POR EL GOBIERNO DE
JAMAICA:

(*Firmado*) **Satya N. Nandan**
Secretario General

(*Firmado*) **Rt. Hon. K. D. Knight**
Ministro de Relaciones Exteriores
y Comercio Exterior

(Anexos no reproducidos)

COMENTARIO

Acuerdo relativo a la sede

El párrafo 4 del artículo 156 de la Convención de 1982 dispone que la Autoridad tendrá su sede en Jamaica. Cuando empezó a funcionar en 1996, la Secretaría de la Autoridad se hizo cargo de los locales que anteriormente había ocupado la Oficina de Kingston para el Derecho del Mar, creada por las Naciones Unidas para que prestara sus servicios a la Comisión Preparatoria. A tal efecto, se firmó un acuerdo entre el Gobierno de Jamaica y las Naciones Unidas relative al uso de esos locales.

En su octava sesión, celebrada el 11 de noviembre de 1996, el Consejo solicitó oficialmente al Secretario General que negociara con el Gobierno de Jamaica un acuerdo relativo a la sede de la Autoridad teniendo en cuenta el proyecto de acuerdo elaborado por la Comisión Preparatoria (LOS/PCN/WP.47/Rev.2). Asimismo, el Consejo decidió que esas negociaciones se celebraran con su orientación (ISBA/C/11). Tras las negociaciones celebradas entre el Secretario General y el Gobierno de Jamaica, se presentó al Consejo un proyecto de acuerdo relativo a la sede (ISBA/3/A/L.3 e ISBA/3/C/L.3 y Corr.1) para que lo examinara en el tercer período de sesiones de la Autoridad (1997). Habida cuenta de las preocupaciones expresada por algunas delegaciones, no fue posible resolver todos los asuntos pendientes, especialmente en relación con el artículo 2 del proyecto de acuerdo, y la cuestión se aplazó hasta el cuarto período de sesiones. En el cuarto período de sesiones la cuestión se aplazó nuevamente hasta el quinto período de sesiones, en cuya oportunidad el Secretario General present a la Asamblea un informe sobre las consideraciones relativas a la oferta del Gobierno de Jamaica sobre la sede de la Autoridad (ISBA/5/A/4 y Add.1). Este informe fue examinado por el Comité de Finanzas, que recomendó a la Asamblea que aprobara las recomendaciones del Secretario General que en él figuraban (ISBA/5/C/7). Tras examiner las recomendaciones del Comité de Finanzas, el Consejo decidió el 24 de agosto de 1999 recomendar a la Asamblea que aprobara el Acuerdo relativo a la Sede que figuraba en los documentos ISBA/3/A/L.3 e ISBA/3/C/L.3 y Corr.1.

El Acuerdo entre la Autoridad Internacional de los Fondos Marinos y el Gobierno de Jamaica relativo a la sede fue aprobado por la Asamblea en su 67ª sesión, celebrada el 25 de agosto de 1999. En esa ocasión, la Asamblea aceptó también el ofrecimiento del Gobierno de Jamaica relativo al uso de los actuales locales de la Autoridad (que anteriormente había ocupado la Oficina de Kingston para el Derecho del Mar) para que la Autoridad los ocupara y utilizara como su sede permanente. La decisión de la Asamblea por la que se aprobó el Acuerdo relativo a la sede figura en el documento ISBA/5/A/11. En la 68ª sesión de la Asamblea, celebrada el 26 de agosto de 1999, en una ceremonia oficial, el Secretario General, en nombre de la Autoridad, y el Ministro de Relaciones Exteriores de Jamaica, Excmo. Sr. Seymour Mullings, en nombre del Gobierno de Jamaica, firmaron el Acuerdo relativo a la sede.

Las disposiciones del Acuerdo relativo a la sede y las disposiciones del Protocolo sobre los Privilegios e Inmunidades de la Autoridad Internacional de los Fondos Marinos (ISBA/4/A/8), aprobado por la Asamblea en 1998, son complementarias.

Acuerdo Complementario

En la decisión por la que se aprobó el Acuerdo relativo a la sede, la Asamblea pidió al Secretario General que, de conformidad con lo dispuesto en el artículo 2 del Acuerdo relativo a la sede, negociara con el Gobierno de Jamaica un acuerdo complementario relativo al uso y ocupación de la sede permanente. En octubre de 1999, el Secretario General invitó al Gobierno de Jamaica a que comenzara lo antes posible las negociaciones a ese efecto. No se pudo alcanzar con rapidez un entendimiento sobre los términos del acuerdo complementario propuesto y aparecieron diversos problemas que dificultaron los avances. En el noveno período de sesiones, que tuvo lugar en 2003, la Asamblea expresó una vez más su preocupación por la gran demora en la finalización del acuerdo complementario e instó al Secretario General y al Gobierno de Jamaica a que renovaran sus esfuerzos por concertarlo lo antes posible. En noviembre de 2003 pudo llegarse a un consenso. Posteriormente, en una ceremonia celebrada en Kingston en la sede de la Autoridad el 17 de diciembre de 2003, el Acuerdo Complementario fue rubricado por el Secretario General en nombre de la Autoridad y por el Honorable K. D. Knight, Ministro de Relaciones Exteriores y Comercio Exterior, en nombre del Gobierno de Jamaica.

Según lo dispuesto en su artículo 19, el Acuerdo Complementario se había aplicado provisionalmente desde su firma por las dos partes. En su 95ª sesión, celebrada el 2 de junio de 2004, a raíz de la decisión del Consejo por recomendación del Comité de Finanzas, la Asamblea aprobó el Acuerdo Complementario (ISBA/10/A/11), que entró en vigor ese mismo día.

El texto del Acuerdo Complementario figura en el anexo del documento ISBA/10/A/2-ISBA/10/C/2.

FUENTES DOCUMENTALES

Acuerdo relativo a la sede

- COMISIÓN PREPARATORIA

LOS/PCN/WP.47/Rev.2, Proyecto definitivo de Acuerdo entre la Autoridad Internacional de los Fondos Marinos y el Gobierno de Jamaica relativo a la sede de la Autoridad Internacional de los Fondos Marinos, reproducido en: LOS/PCN/153, Vol. V, p. 96-124.

- AIFM

ISBA/A/L.7/Rev.1, Declaración del Presidente sobre la labor realizada por la Asamblea durante la tercera parte de su primer período de sesiones, párras. 16-18, (*Selección de Decisiones 1/2/3*, 10).

ISBA/3/A/4, Informe presentado por el Secretario General de la Autoridad Internacional de los Fondos Marinos con arreglo al párrafo 4 del artículo 166 de la Convención de las Naciones Unidas sobre el Derecho del Mar, párras. 13 y 24-26, (*Selección de Decisiones 1/2/3*, 49-50 y 53-54).

ISBA/3/A/11, Declaración del Presidente sobre la labor realizada por la Asamblea en la continuación del tercer período de sesiones, párra. 12, (*Selección de Decisiones 1/2/3*, 66).

ISBA/3/A/L.3-ISBA/3/C/L.3 y Corr. 1, Acuerdo entre la Autoridad Internacional de los Fondos Marinos y el Gobierno de Jamaica relativo a la sede de la Autoridad Internacional de los Fondos Marinos.

ISBA/3/A/L.4, Declaración del Presidente sobre la labor de la Asamblea en el tercer período de sesiones, párras. 1 y 9, (*Selección de Decisiones 1/2/3*, 45-46).

ISBA/4/A/9, Declaración del Presidente sobre la labor realizada por la Asamblea en la primera parte del cuarto período de sesiones, páras. 14-15 y anexo "Carta de fecha 10 de marzo de 1998 dirigida al Secretario General de la Autoridad Internacional de los Fondos Marinos por el Ministro de Relaciones Exteriores y Comercio Exterior de Jamaica, (*Selección de Decisiones 4*, 51-52).

ISBA/4/A/11, Informe presentado por el Secretario General de la Autoridad Internacional de los Fondos Marinos con arreglo al párrafo 4 del artículo 166 de la Convención de las Naciones Unidas sobre el Derecho del Mar, párras. 17-20, (*Selección de Decisiones 4*, 55).

ISBA/4/A/18, Declaración del Presidente sobre la labor realizada por la Asamblea en la continuación del cuarto período de sesiones, párras. 6-8 y 15, (*Selección de Decisiones 4*, 65-67).

ISBA/5/A/1 y Corr.1, Informe presentado por el Secretario General de la Autoridad Internacional de los Fondos Marinos con arreglo al párrafo 4 del artículo 166 de la Convención de las Naciones Unidas sobre el Derecho del Mar, párras. 6-8 y 52, (*Selección de Decisiones 5*, 1-2 y 12).

ISBA/5/A/4, Consideraciones relativas a la oferta del Gobierno de Jamaica sobre la ubicación de la sede permanente de la Autoridad. Informe del Secretario General, (*Selección de Decisiones 5*, 14-18).

ISBA/5/A/4/Add.1, Consideraciones relativas al ofrecimiento del Gobierno de Jamaica de un sitio para la sede permanente de la Autoridad. Informe del Secretario General. Adición, (*Selección de Decisiones 5*, 18-19).

ISBA/5/A/8-ISBA/5/C/7, Proyecto de presupuesto de la Autoridad Internacional de los Fondos Marinos para el año 2000 y asuntos conexos. Informe del Comité de Finanzas, párra. 17, (*Selección de Decisiones 5*, 22).

ISBA/5/A/11, Decisión de la Asamblea de la Autoridad Internacional de los Fondos Marinos relativa a la sede de la Autoridad Internacional de los Fondos Marinos, (*Selección de Decisiones 5*, 23-40).

ISBA/5/A/14, Declaración del Presidente sobre la labor realizada por la Asamblea en el quinto período de sesiones, párras. 20-22, (*Selección de Decisiones 5*, 44-45).

ISBA/C/11, Decisión del Consejo de la Autoridad Internacional de los Fondos Marinos sobre el acuerdo relativo a la sede entre la Autoridad Internacional de los Fondos Marinos y el Gobierno de Jamaica, (*Selección de Decisiones 1/2/3*, 40).

ISBA/C/L.3, Declaración del Presidente interino sobre la labor del Consejo durante la continuación del segundo período de sesiones, párra. 11, (*Selección de Decisiones 1/2/3*, 42).

ISBA/3/C/11, Declaración del Presidente sobre los trabajos del Consejo en la continuación del tercer período de sesiones, párra. 11, (*Selección de Decisiones 1/2/3*, 77).

ISBA/3/C/L.4, Declaración del Presidente sobre la labor realizada por el Consejo en el tercer período de sesiones, párra. 10, (*Selección de Decisiones 1/2/3*, 69).

ISBA/4/C/5, Declaración del Presidente sobre la labor realizada por el Consejo en la primera parte del cuarto período de sesiones, párra. 11, (*Selección de Decisiones 4*, 72).

ISBA/4/C/14, Declaración del Presidente sobre la labor del Consejo durante la continuación de su cuarto período de sesiones, párra. 1, (*Selección de Decisiones 4*, 76).

ISBA/5/C/9, Decisión del Consejo de la Autoridad Internacional de los Fondos Marinos relativo a la sede de la Autoridad Internacional de los Fondos Marinos, (*Selección de Decisiones 5*, 49).

ISBA/5/C/11, Declaración del Presidente sobre la labor del Consejo durante el quinto período de sesiones, párras. 7-9, (*Selección de Decisiones 5*, 50-51).

Acuerdo Complementario

- AIFM

ISBA/7/A/2, Informe presentado por el Secretario General de la Autoridad de los Fondos Marinos con arreglo al párrafo 4 del artículo 166 de la Convención de las Naciones Unidas sobre el Derecho del Mar, párra. 10, (*Selección de Decisiones 7,* 5-6).

ISBA/7/A/7, Declaración del Presidente sobre la labor realizada por la Asamblea en su séptimo período de sesiones, párra. 12, (*Selección de Decisiones 7*, 18).

ISBA/8/A/5, Informe presentado por el Secretario General de la Autoridad Internacional de los Fondos Marinos con arreglo al párrafo 4 del artículo 166 de la Convención de las Naciones Unidas sobre el Derecho del Mar, párras. 11-21, (*Selección de Decisiones 8,* 12-14).

ISBA/8/A/5/Add.1, Informe presentado por el Secretario General de la Autoridad Internacional de los Fondos Marinos con arreglo al párrafo 4 del artículo 166 de la Convención de las Naciones Unidas sobre el Derecho del Mar. Adición, (*Selección de Decisiones 8,* 25-26).

ISBA/8/A/13, Declaración del Presidente sobre la labor de la Asamblea en su octavo período de sesiones, párra. 9, (*Selección de Decisiones 8,* 35).

ISBA/9/A/3, Informe presentado por el Secretario General de la Autoridad Internacional de los Fondos Marinos con arreglo al párrafo 4 del artículo 166 de la Convención de las Naciones Unidas sobre el Derecho del Mar, párras. 11-14, (*Selección de Decisiones 9*, 2-3).

ISBA/9/A/9, Declaración del Presidente sobre la labor de la Asamblea en su noveno período de sesiones, párra. 8, (*Selección de Decisiones 9*, 22).

ISBA/10/A/2-ISBA/10/C/2, Acuerdo Complementario entre la Autoridad Internacional de los Fondos Marinos y el Gobierno de Jamaica relativo a la sede de la Autoridad Internacional de los Fondos Marinos y al uso del Centro de Conferencias de Jamaica, (*Selección de Decisiones 10*, 1-10).

ISBA/10/A/6-ISBA/10/C/7, Informe del Comité de Finanzas, párras. 19-20, (*Selección de Decisiones 10*, 58).

ISBA/10/A/11, Decisión de la Asamblea de la Autoridad Internacional de los Fondos Marinos sobre el Acuerdo Complementario entre la Autoridad Internacional de los Fondos Marinos y el Gobierno de Jamaica relativo a la sede de la Autoridad Internacional de los Fondos Marinos y al uso del Centro de Conferencias de Jamaica (*Selección de Decisiones 10*, 60).

ISBA/10/A/12, Declaración del Presidente sobre la labor de la Asamblea en su 10° período de sesiones, párras. 8 y 20-21, (*Selección de Decisiones 10*, 62 y 64).

ISBA/10/C/5, Decisión del Consejo de la Autoridad Internacional de los Fondos Marinos sobre el Acuerdo Suplementario entre la Autoridad Internacional de los Fondos Marinos y el Gobierno de Jamaica con respecto a la sede de la Autoridad Internacional de los Fondos Marinos y el uso del complejo del Centro de Conferencias de Jamaica, (*Selección de Decisiones 10*, 74).

ISBA/10/C/10, Declaración del Presidente sobre la labor del Consejo durante el décimo período de sesiones, párra. 9, (*Selección de Decisiones 10*, 78).

ISBA/11/A/4 y Corr.1, Informe presentado por el Secretario General de la Autoridad Internacional de los Fondos Marinos con arreglo al párrafo 4 del artículo 166 de la Convención de las Naciones Unidas sobre el Derecho del Mar, párras. 11-12, (*Selección de Decisiones 11*, 3).

E - PROTOCOLO SOBRE LOS PRIVILEGIOS E INMUNIDADES DE LA AUTORIDAD INTERNACIONAL DE LOS FONDOS MARINOS

Los Estados partes en el presente Protocolo,

Considerando que en la Convención de las Naciones Unidas sobre el Derecho del Mar se establece la Autoridad Internacional de los Fondos Marinos,

Recordando que en el artículo 176 de la Convención de las Naciones Unidas sobre el Derecho del Mar se dispone que la Autoridad tundra personalidad jurídica internacional y la capacidad jurídica necesaria para el desempeño de sus funciones y el logro de sus fines,

Tomando nota de que en el artículo 177 de la Convención de las Naciones Unidas sobre el Derecho del Mar se dispone que la Autoridad gozará en el territorio de cada Estado parte de los privilegios e inmunidades establecidos en la subsección G de la sección 4 de la Parte XI de la Convención y que los privilegios e inmunidades correspondientes a la Empresa serán los establecidos en el artículo 13 del anexo IV,

Reconociendo que para el funcionamiento adecuado de la Autoridad de los Fondos Marinos se necesitan ciertos privilegios e inmunidades adicionales,

Han convenido en lo siguiente:

Artículo 1
Términos empleados

A los efectos del presente Protocolo:

(a) Por "Autoridad" se entenderá la Autoridad Internacional de los Fondos Marinos;

(b) Por "Convención" se entenderá la Convención de las Naciones Unidas del Derecho del Mar de 10 de diciembre de 1982;

(c) Por "Acuerdo" se entenderá el relativo a la aplicación de la Parte XI de la Convención de las Naciones Unidas sobre el Derecho del Mar de 10 de diciembre de 1982. De conformidad con el Acuerdo, sus disposiciones y la Parte XI de la Convención se interpretarán y aplicarán conjuntamente como un único instrumento. El presente Protocolo y las referencias que en él se hacen a la Convención se interpretarán y aplicarán en consecuencia;

(d) Por "Empresa" se entenderá el órgano de la Autoridad que se define en la Convención;

(e) Por "miembro de la Autoridad" se entenderá:
  (i) Todo Estado parte en la Convención; y
  (ii) Todo Estado o entidad que sea miembro de la Autoridad con carácter provisional de conformidad con el párrafo 12 a) de la sección 1 del Anexo del Acuerdo;
(f) Por "representantes" se entenderá los representantes titulares, los representantes suplentes, los asesores, los expertos técnicos y los secretarios de las delegaciones;
(g) Por "Secretario General" se entenderá el Secretario General de la Autoridad Internacional de los Fondos Marinos.

Artículo 2
Disposición general

Sin perjuicio de la condición jurídica y de los privilegios e inmunidades de la Autoridad y de la Empresa, establecidos respectivamente en la subsección G de la sección 4 de la Parte XI y en el artículo 13 del Anexo IV de la Convención, los Estados partes en el presente Protocolo reconocerán a la Autoridad y a sus órganos, a los representantes de los miembros de la Autoridad, a los funcionarios de ésta y a los expertos en misión para ella, los privilegios e inmunidades que se indican en él.

Artículo 3
Personalidad jurídica de la Autoridad

La Autoridad tendrá personalidad jurídica y tendrá capacidad jurídica para:
(a) Celebrar contratos;
(b) Adquirir y enajenar bienes muebles e inmuebles;
(c) Ser parte en procedimientos judiciales.

Artículo 4
Inviolabilidad de los locales de la Autoridad

Los locales de la Autoridad serán inviolables.

Artículo 5
Facilidades financieras de la Autoridad

1.   La Autoridad no estará sometida a ningún tipo de controles, reglamentaciones o moratorias de índole financiera y podrá libremente:
(a) Comprar, por los cauces autorizados, monedas para sí o para disponer de ellas;
(b) Poseer fondos, valores, oro, metales preciosos o moneda de cualquier clase y tener cuentas en cualquier moneda;
(c) Transferir sus fondos, valores, oro o monedas de un país a otro o dentro de cualquier país y convertir a otra moneda cualquiera de las que posea.
2.   La Autoridad, al ejercer los derechos establecidos en el párrafo precedente, tendrá debidamente en cuenta las observaciones que formulen los gobiernos de los

miembros de la Autoridad, en la medida en que pueda darles efecto sin desmedro de sus propios intereses.

Artículo 6
Pabellón y emblema

La Autoridad tendrá derecho a enarbolar su pabellón y exhibir su emblem en sus locales y en los vehículos que se utilicen con fines oficiales.

Artículo 7
Representantes de los miembros de la Autoridad

1. Los representantes de los miembros de la Autoridad que asistan a reuniones convocadas por ésta gozarán, mientras ejerzan sus funciones y en el curso de los viajes de ida al lugar de reunión y de vuelta de éste, de los privilegios e inmunidades siguientes:

   (a) Inmunidad judicial respecto de las declaraciones que formulen verbalmente o por escrito y de los actos que realicen en el ejercicio de sus funciones, salvo en la medida en que el miembro que representan renuncie expresamente a dicha inmunidad en un caso determinado;

   (b) Inmunidad contra detención o prisión y las mismas inmunidades y facilidades respecto de su equipaje personal que se reconocen a los agentes diplomáticos;

   (c) Inviolabilidad de los papeles y documentos;

   (d) Derecho a usar claves y a recibir documentos o correspondencia mediante correo especial o en valijas selladas;

   (e) Exención, para ellos y sus cónyuges, de las restricciones en material de inmigración, de las formalidades de registro de extranjeros y de la obligación de prestar cualquier servicio de carácter nacional;

   (f) Las mismas facilidades respecto de las restricciones cambiarias que se reconozcan a los representantes de gobiernos extranjeros de categoría comparable que se encuentren en misión oficial temporal.

2. A fin de que los representantes de los miembros de la Autoridad gocen de plena libertad de expresión e independencia en el desempeño de su cometido, seguirán gozando de inmunidad judicial respecto de todos los actos que hayan realizado en el desempeño de sus funciones aun cuando hayan dejado de ser representantes de miembros de la Autoridad.

3. En los casos en que proceda aplicar algún tipo de impuesto en razón de la residencia, no se considerarán períodos de residencia aquellos durante los cuales los representantes de los miembros de la Autoridad que asistan a las reuniones de ésta hayan permanecido en el territorio de un miembro de la Autoridad a los efectos del desempeño de sus funciones.

4. Los privilegios e inmunidades no se confieren a los representantes de los miembros de la Autoridad para su propio beneficio, sino para salvaguardar el ejercicio independiente de sus funciones en relación con la Autoridad. En consecuencia, los miembros de la Autoridad tendrán el derecho y el deber de renunciar a la inmunidad de sus representantes en todos los casos en que, a su

juicio, ella obstaculizaría la acción de la justicia, y siempre que tal renuncia no redunde en perjuicio de la finalidad para la cual la inmunidad haya sido concedida.

5.   Los vehículos de los representantes de los miembros de la Autoridad o que éstos utilicen tendrán seguro contra terceros con arreglo a las leyes y reglamentos del Estado donde se utilicen.

6.   Las disposiciones de los párrafos 1, 2 y 3 no serán aplicables a la relación que exista entre un representante y las autoridades del miembro de la Autoridad del que aquél sea nacional o del que sea o haya sido representante.

Artículo 8
Funcionarios

1.   El Secretario General determinará las categorías de funcionarios a quienes se aplicará lo dispuesto en el párrafo 2 del presente artículo y las presentará a la Asamblea. Posteriormente las categorías serán comunicadas a los gobiernos de todos los miembros de la Autoridad. Los nombres de los funcionarios incluidos en esas categorías serán dados a conocer periódicamente a los gobiernos de los miembros de la Autoridad.

2.   Los funcionarios de la Autoridad, cualquiera que sea su nacionalidad, gozarán de los siguientes privilegios e inmunidades:

(a) Inmunidad judicial respecto de las declaraciones que formulen verbalmente o por escrito y de los actos que realicen en el ejercicio de sus funciones oficiales;

(b) Inmunidad contra detención o prisión por los actos que realicen en el ejercicio de sus funciones oficiales;

(c) Exención del pago de impuestos sobre los sueldos, emolumentos y cualquier otro pago que reciban de la Autoridad;

(d) Inmunidad respecto de la obligación de prestar cualquier servicio de carácter nacional, si bien, en relación con los Estados de su nacionalidad, esa inmunidad se limitará a los funcionarios de la Autoridad cuyos nombres, por razón de sus funciones, figuren en una lista preparada por el Secretario General y aprobada por el Estado interesado. Si otros funcionarios de la Autoridad fueran llamados a prestar servicios nacionales, el Estado interesado concederá, a petición del Secretario General, las prórrogas necesarias para evitar que se interrumpa la realización de trabajos esenciales;

(e) Exención, para ellos, sus cónyuges y sus familiares a cargo, de restricciones en materia de inmigración y de las formalidades de registro de extranjeros;

(f) Los mismos privilegios respecto de las facilidades cambiarias que los reconocidos a los funcionarios de categoría equivalente que pertenezcan a las misiones diplomáticas acreditadas ante los gobiernos de que se trate;

(g) Derecho a la importación libre de derechos de sus muebles y efectos en el momento en que ocupen por primera vez el cargo en el país de que se trate;

(h) Exención de la inspección de su equipaje personal salvo que hubiere motivos fundados para pensar que ese equipaje comprende artículos no destinados al uso personal o cuya importación o exportación está prohibida por la ley o sujeta a las normas de cuarentena de la Parte interesada. En tal caso, la inspección se hará en presencia del funcionario y, en el caso del equipaje oficial, en presencia del Secretario General o su representante autorizado;

(i) Las mismas facilidades de repatriación para ellos, sus cónyuges y sus familiares a cargo, que las concedidas a los miembros de las misiones diplomáticas en tiempos de crisis internacionales.

3.   Además de los privilegios e inmunidades que se indican en el párrafo 2, se reconocerán al Secretario General, a quien lo represente en su ausencia y al Director General de la Empresa y a sus cónyuges e hijos menores los privilegios y las inmunidades, exenciones y facilidades que se reconocen a los enviados diplomáticos de conformidad con el derecho internacional.

4.   Los privilegios e inmunidades no se confieren a los funcionarios para su propio beneficio sino para salvaguardar el ejercicio independiente de sus funciones en relación con la Autoridad. El Secretario General tendrá el derecho y el deber de renunciar a la inmunidad de un funcionario en todos los casos en que, a su juicio, ella obstaculizaría la acción de la justicia y siempre que dicha renuncia no redunde en perjuicio de los intereses de la Autoridad. En el caso del Secretario General, la Asamblea tendrá el derecho de renunciar a la inmunidad.

5.   La Autoridad cooperará en todo momento con las autoridades competentes de los miembros de la Autoridad a fin de facilitar la buena administración de la justicia, velar por el cumplimiento de las ordenanzas de policía e impedir abusos en relación con los privilegios, inmunidades y facilidades a que se hace referencia en el presente artículo.

6.   Los funcionarios de la Autoridad contratarán con arreglo a las leyes y reglamentos del Estado de que se trate, un seguro contra terceros para los vehículos que utilicen o que sean de su propiedad.

Artículo 9
Expertos en misión para la Autoridad

1.   Los expertos (aparte de los funcionarios comprendidos en el artículo 8) que desempeñen misiones para la Autoridad gozarán de los privilegios e inmunidades que sean necesarios para el ejercicio independiente de sus funciones durante el período que abarque la misión, que incluirá el tiempo de viajes relacionados con las misiones. En especial, gozarán de:

(a) Inmunidad de detención o prisión y de confiscación de su equipaje personal;

(b) Inmunidad judicial de toda índole con respecto a las declaraciones que formulen verbalmente o por escrito y a los actos que realicen en el desempeño de sus funciones. Esta inmunidad continuará aunque hayan dejado de desempeñar misiones para la Autoridad;

(c) Inviolabilidad de los papeles y documentos;

(d) Para los fines de comunicarse con la Autoridad, el derecho a utilizer claves y a recibir documentos y correspondencia por correo especial o en valijas selladas;

(e) Exención de impuestos respecto de los sueldos, emolumentos y otros pagos que perciban de la Autoridad. Esta disposición regirá entre un experto y el miembro de la Autoridad del cual sea nacional;

(f) Las mismas facilidades con respecto a las restricciones monetarias o cambiarias que se reconozcan a los representantes de gobiernos extranjeros en misión oficial temporal.

2.   Los privilegios e inmunidades no se confieren a los expertos para su propio beneficio sino para salvaguardar el ejercicio independiente de sus funciones en relación con la Autoridad. El Secretario General tendrá el derecho y el deber de renunciar a la inmunidad de un experto en los casos en que, a su juicio, ella obstaculizaría la acción de la justicia y siempre que la renuncia no redunde en perjuicio de los intereses de la Autoridad.

Artículo 10
Respeto de leyes y reglamentos

Sin perjuicio de sus privilegios e inmunidades, todas las personas a que se hace referencia en los artículos 7, 8 y 9 tienen el deber de respetar las leyes y los reglamentos de los Estados partes en cuyo territorio ejerzan funciones relacionadas con la Autoridad o a través de cuyo territorio deban pasar en el ejercicio de esas funciones. También están obligadas a no inmiscuirse en los asuntos internos de ese Estado.

Artículo 11
Laissez-passer y visados

1.   Sin perjuicio de la posibilidad de que la Autoridad expida sus propios documentos de viaje, los Estados partes en el presente Protocolo reconocerán y aceptarán los *laissez-passer* de las Naciones Unidas expedidos a nombre de funcionarios de la Autoridad.

2.   Las solicitudes de visado (cuando éste sea necesario) que presenten funcionarios de la Autoridad serán tramitadas con la mayor diligencia posible. Las solicitudes de visado (cuando éste sea necesario) que presenten funcionarios de la Autoridad que sean titulares de *laissez-passer* expedidos por las Naciones Unidas estarán acompañadas de un documento en el que se confirme que el viaje obedece a asuntos de la Autoridad.

Artículo 12
Relación entre el Acuerdo relativo a la sede y el Protocolo

Las disposiciones del presente Protocolo serán complementarias de las del Acuerdo relativo a la sede. Cuando una disposición del protocolo se refiera al mismo asunto que una disposición del Acuerdo, ambas se considerarán, en lo posible, complementarias, de manera que las dos serán aplicables y ninguna limitará la eficacia de la otra. En caso de discrepancia, sin embargo, prevalecerán las disposiciones del Acuerdo.

Artículo 13
Acuerdos complementarios

El presente Protocolo no redundará en modo alguno en detrimento de los privilegios e inmunidades que haya reconocido o reconozca en lo sucesivo a la Autoridad cualquier miembro de ella en razón del establecimiento en su territorio de la sede de la Autoridad o de sus centros u oficinas regionales, ni los limitará en modo alguno. No se considerará que el presente Protocolo obste a la concertación de acuerdos complementarios entre la Autoridad y cualquier miembro de ésta.

Artículo 14
Arreglo de controversias

1.   Respecto de la aplicación de los privilegios e inmunidades reconocidos en el presente Protocolo, la Autoridad tomará las disposiciones del caso para el arreglo satisfactorio de las controversias:
   (a)   De derecho privado en que sea parte la Autoridad;
   (b)   Que se refieran a un funcionario de la Autoridad o a un experto que forme parte de una misión de ésta que en razón de su cargo oficial gocen de inmunidad, si el Secretario General no hubiera renunciado a ella.

2.   Las controversias que surjan entre la Autoridad y uno de sus miembros respecto de la interpretación o aplicación del presente Protocolo y que no se resuelvan mediante consultas, negociaciones u otro medio de arreglo convenido dentro de los tres meses siguientes a la presentación de una solicitud por una de las partes en la controversia serán sometidas, a solicitud de una de las partes y para su fallo definitivo y obligatorio, a un grupo integrado por tres árbitros:
   (a)   Uno de los cuales será elegido por el Secretario General, uno por el Estado parte y el tercero, quien lo presidirá, por los dos primeros árbitros;
   (b)   Si una de las partes en la controversia no hubiese designado árbitro en el plazo de dos meses contados desde la designación de árbitro por la otra parte, el Presidente del Tribunal Internacional del Derecho del Mar procederá a efectuar el nombramiento. En caso de que los dos primeros árbitros no convinieran en el nombramiento de un tercero dentro de los tres meses siguientes a sus nombramientos, el tercer árbitro será elegido por el Presidente del Tribunal Internacional del Derecho del Mar a solicitud del Secretario General o de la otra parte en la controversia.

Artículo 15
Firma

El presente Protocolo estará abierto a la firma de todos los miembros de la Autoridad en la Sede de la Autoridad Internacional de los Fondos Marinos en Kingston (Jamaica) del 17 al 28 de agosto de 1998 y, posteriormente, en la Sede de las Naciones Unidas en Nueva York hasta el 16 de agosto del año 2000.

Artículo 16
Ratificación

El presente Protocolo está sujeto a ratificación, aprobación o aceptación. Los instrumentos de ratificación, aprobación o aceptación serán depositados en poder del Secretario General de las Naciones Unidas.

Artículo 17
Adhesión

El presente Protocolo quedará abierto a la adhesión de todos los miembros de la Autoridad. Los instrumentos de adhesión serán depositados en poder del Secretario General de las Naciones Unidas.

Artículo 18
Entrada en vigor

1.   El Protocolo entrará en vigor 30 días después de la fecha en que se deposite el décimo instrumento de ratificación, aprobación, aceptación o adhesión.
2.   Respecto de cada miembro de la Autoridad que ratifique, apruebe o acepte el presente Protocolo o se adhiera a él después de depositarse el décimo instrumento de ratificación, aprobación, aceptación o adhesión, el presente Protocolo entrará en vigor 30 días después del depósito de su instrumento de ratificación, aprobación, aceptación o adhesión.

Artículo 19
Aplicación provisional

El Estado que tenga la intención de ratificar, aprobar o aceptar el presente Protocolo o adherirse a él podrá en cualquier momento notificar al depositario que lo aplicará provisionalmente por un período no superior a dos años.

Artículo 20
Denuncia

1.   Todo Estado parte podrá, por notificación escrita dirigida al Secretario General de las Naciones Unidas, denunciar el presente Protocolo. La denuncia surtirá efecto un año después de la fecha de recepción de la notificación, salvo que en ésta se indique una fecha ulterior.
2.   La denuncia no afectará en modo alguno al deber de todo Estado parte de cumplir las obligaciones enunciadas en el presente Protocolo que, con prescindencia de éste, le incumbieren con arreglo al derecho internacional.

Artículo 21
Depositario

El Secretario General de las Naciones Unidas será depositario del presente Protocolo.

Artículo 22
Textos auténticos

Los textos en árabe, chino, español, francés, inglés y ruso del presente Protocolo serán igualmente auténticos.

EN PRUEBA DE LO CUAL, los Plenipotenciarios infrascritos, debidamente autorizados, firman el presente Protocolo.

ABIERTO A LA FIRMA en Kingston, el veintiséis de agosto de mil novecientos noventa y ocho, en un solo original en los idiomas árabe, chino, español, francés, inglés y ruso.

COMENTARIO

La subsección G de la sección 4 de la Convención de 1982 regula la condición jurídica, los privilegios y las inmunidades de la Autoridad Internacional de los Fondos Marinos y de determinadas personas relacionadas con la Autoridad. Se elaboró tomando como modelo otros instrumentos, entre ellos los Artículos 104 y 105 de la Carta de las Naciones Unidas, la Convención sobre Prerrogativas e Inmunidades de las Naciones Unidas, de 13 de febrero de 1946, y la Convención sobre Prerrogativas e Inmunidades de los Organismos Especializados, de 21 de noviembre de 1947.

Sustentada en estas disposiciones, la Comisión Preparatoria elaboró un proyecto definitivo de Protocolo sobre los Privilegios e Inmunidades de la Autoridad Internacional de los Fondos Marinos, que presentó a la Autoridad en el primer período de sesiones de la Asamblea, celebrado en agosto de 1995. A finales de su primer período de sesiones, la Asamblea de la Autoridad creó un grupo de trabajo especial, presidido por el Sr. Marsit (Túnez), para examinar el proyecto definitivo.

En la continuación del segundo período de sesiones de la Asamblea, del 5 al 16 de agosto de 1996, el grupo de trabajo volvió a ser convocado y celebró seis nuevas sesiones bajo la presidencia del Sr. Zdislaw Galicki (Polonia). El grupo siguió reuniéndose durante el tercer período de sesiones de la Asamblea (1997) bajo la misma presidencia. Durante las deliberaciones del grupo de trabajo, algunos miembros de la Autoridad manifestaron su preferencia por un protocolo detallado similar al propuesto por la Comisión Preparatoria; mientras que otros, en cambio, se mostraron partidarios de un documento breve que tratara únicamente las cuestiones esenciales que la Convención de 1982 no hubiera tratado. Algunos Estados preferían simplemente prescindir del protocolo y sustentarse en las disposiciones de la Convención como único fundamento de los privilegios e inmunidades de la Autoridad.

Al fin de la continuación del tercer período de sesiones de la Autoridad, en agosto de 1997, el grupo de trabajo había elaborado un proyecto revisado de protocolo en forma de documento de trabajo oficioso para presentarlo a la Asamblea. El proyecto definitivo de protocolo era una versión muy abreviada del propuesto por la Comisión Preparatoria. Trata de las inmunidades y privilegios de la Autoridad en relación con las cuestiones no abarcadas por la Convención de 1982 y se basa esencialmente en los artículos I, II, IV, V, VI y VII de la Convención sobre Prerrogativas e Inmunidades de las Naciones Unidas (1946) y la Convención sobre Prerrogativas e Inmunidades de los Organismos Especializados (1947). Entre éstas destacan las inmunidades y privilegios de los representantes que viajan a la sede de la Autoridad y desde ella y el uso del *laissez-passer* de las Naciones Unidas por los funcionarios de la Autoridad. El protocolo regula también los privilegios e inmunidades que deben concederse a determinadas categorías de personas, incluidos los funcionarios de la Autoridad, los expertos en misión y los representantes de los miembros de la Autoridad.

En su 54ª sesión, celebrada el 26 de marzo de 1998, la Asamblea aprobó por consenso el Protocolo sobre los Privilegios e Inmunidades de la Autoridad Internacional de los Fondos Marinos, en la versión propuesta por el grupo de trabajo. Para facilitar su firma por los Estados Miembros, tras la celebración de una ceremonia oficial, el Protocolo se dejó abierto a la firma en la sede de la Autoridad durante los días 26 y 27 de agosto de 1998 y, posteriormente, hasta el 16 de agosto de 2000 en la Sede de las Naciones Unidas en Nueva York. Los siguientes miembros de la Autoridad firmaron el Protocolo en Kingston: Bahamas, Brasil, Indonesia, Jamaica, Kenya, Países Bajos y Trinidad y Tabago. Los siguientes países firmaron el Protocolo mientras estuvo abierto a la firma en la Sede de las Naciones Unidas: Arabia Saudita, Chile, Côte d'Ivoire, Egipto, Eslovaquia, España, ex República Yugoslava de Macedonia, Finlandia, Ghana, Grecia, Italia, Malta, Namibia, Omán, Pakistán, Portugal, Senegal, Sudán, Reino Unido de Gran Bretaña e Irlanda del Norte, República Checa y Uruguay.

El 1 de mayo de 2003, Nigeria se convirtió en el décimo miembro de la Autoridad en ratificar, aprobar o aceptar el Protocolo. De acuerdo con su artículo 18, párrafo 1, el Protocolo entró por ello en vigor el 31 de mayo de 2003. A fecha 4 de octubre de 2012, son partes en el Protocolo sobre los privilegios e inmunidades de la Autoridad Internacional de los Fondos Marinos los 36 miembros de la Autoridad siguientes: Alemania, Argentina, Austria, Brasil, Bulgaria, Camerún, Chile, Croacia, Cuba, Dinamarca, Egipto, Eslovaquia, Eslovenia, España, Estonia, Finlandia, Francia, Guyana, India, Irlanda, Italia, Jamaica, Lituania, Mauricio, Mozambique, Nigeria, Noruega, Omán, Países Bajos, Polonia, Portugal,

Reino Unido de Gran Bretaña e Irlanda del Norte, República Checa, Togo, Trinidad y Tabago y Uruguay.

FUENTES DOCUMENTALES

- COMISIÓN PREPARATORIA

LOS/PCN/WP.49/Rev.2, Proyecto definitivo de Protocolo sobre los Privilegios e Inmunidades de la Autoridad Internacional de los Fondos Marinos, reproducido en: LOS/PCN/153, Vol. V, p. 125-139.

- AIFM

ISBA/3/A/L.4, Declaración del Presidente sobre la labor de la Asamblea en el tercer período de sesiones, párras. 5-8, (*Selección de Decisiones 1/2/3*, 46).

ISBA/3/A/4, Informe presentado por el Secretario General de la Autoridad Internacional de los Fondos Marinos con arreglo al párrafo 4 del artículo 166 de la Convención de las Naciones Unidas sobre el Derecho del Mar, párra. 13, *Selección de Decisiones 1/2/3*, 49-50).

ISBA/3/A/11, Declaración del Presidente sobre la labor realizada por la Asamblea en la continuación del tercer período de sesiones, párras. 2-4, (*Selección de Decisiones 1/2/3*, 64-65).

ISBA/3/A/WP.1, Proyecto de protocolo sobre los Privilegios e Inmunidades de la Autoridad Internacional. Preparado por la Secretaría.

ISBA/3/A/WP.1/Add.1, Proyecto de protocolo revisado sobre los Privilegios e Inmunidades de la Autoridad Internacional de los Fondos Marinos. Preparado por la Secretaría.

ISBA/4/A/8, Decisión de la Asamblea de la Autoridad Internacional de los Fondos Marinos relativa al Protocolo sobre los Privilegios e Inmunidades de la Autoridad Internacional de los Fondos Marinos, (*Selección de Decisiones 4*, 42-49).

ISBA/4/A/9, Declaración del Presidente sobre la labor realizada por la Asamblea en la primera parte del cuarto período de sesiones, párras. 10-13, (*Selección de Decisiones 4*, 50-51).

ISBA/4/A/11, Informe presentado por el Secretario General de la Autoridad Internacional de los Fondos Marinos con arreglo al párrafo 4 del artículo 166 de la Convención de las Naciones Unidas sobre el Derecho del Mar, párras. 21-22, (*Selección de Decisiones 4*, 55-56).

ISBA/4/A/18, Declaración del Presidente sobre la labor realizada por la Asamblea en la continuación del cuarto período de sesiones, párra. 10, (*Selección de Decisiones 4*, 66).

ISBA/4/A/L.2, Proyecto de Protocolo sobre los Privilegios e Inmunidades de la Autoridad Internacional de los Fondos Marinos.

ISBA/5/A/1 y Corr. 1, Informe presentado por el Secretario General de la Autoridad Internacional de los Fondos Marinos con arreglo al párrafo 4 del artículo 166 de las Convención de las Naciones Unidas sobre el Derecho del Mar, párra. 9, (*Selección de Decisiones 5*, 2).

ISBA/6/A/9, Informe presentado por el Secretario General de la Autoridad Internacional de los Fondos Marinos con arreglo al párrafo 4 del artículo 166 de la Convención de las Naciones Unidas sobre el Derecho del Mar, párra. 11, (*Selección de Decisiones 6*, 15).

ISBA/7/A/2, Informe presentado por el Secretario General de la Autoridad Internacional de los Fondos Marinos con arreglo al párrafo 4 del artículo 166 de la Convención de las Naciones Unidas sobre el Derecho del Mar, párra. 11, (*Selección de Decisiones 7*, 6).

ISBA/7/A/7, Declaración del Presidente sobre la labor realizada por la Asamblea en su séptimo período de sesiones, párra. 10, (*Selección de Decisiones 7*, 18).

ISBA/8/A/5, Informe presentado por el Secretario General de la Autoridad Internacional de los Fondos Marinos con arreglo al párrafo 4 del artículo 166 de la Convención de la Naciones Unidas sobre el Derecho del Mar, párra. 9, (*Selección de Decisiones 8*, 11).

ISBA/8/A/13, Declaración del Presidente sobre la labor de la Asamblea en su octavo período de sesiones, párra. 8, (*Selección de Decisiones 8*, 35).

SITUACIÓN DEL PROTOCOLO SOBRE LOS PRIVILEGIOS E INMUNIDADES DE LA AUTORIDAD INTERNACIONAL DE LOS FONDOS MARINOS (A FECHA 4 DE OCTUBRE DE 2012)

	Estados	*Firma*	*Ratificación, aprobación (AA), aceptación (A) o adhesión (a)*
23	Alemania		8 de junio de 2007 (a)
21	Argentina		20 de octubre de 2006 (a)
	Arabia Saudita	11 de octubre de 1999	
11	Austria		25 de septiembre de 2003 (a)
	Bahamas	26 de agosto de 1998	
26	Brasil	27 de agosto de 1998	16 de noviembre de 2007
31	Bulgaria		10 de febrero de 2009 (a)
7	Camerún		28 de agosto de 2002 (a)
15	Chile	14 de abril de 1999	8 de febrero de 2005
	Côte d'Ivoire	25 de septiembre de 1998	
2	Croacia		8 de septiembre de 2000 (a)
29	Cuba		11 de julio de 2008 (a)
13	Dinamarca		16 de noviembre de 2004 (a)
5	Egipto	26 de abril de 2000	20 de junio de 2001
1	Eslovaquia	22 de junio de 1999	20 de abril de 2000
28	Eslovenia		1 de abril de 2008 (a)
4	España	14 de septiembre de 1999	9 de enero de 2001
27	Estonia		1 de febrero de 2008 (a)
	ex República Yugoslava de Macedonia	17 de septiembre de 1998	
25	Finlandia	31 de marzo de 1999	31 de octubre de 2007 (A)
34	Francia		23 de enero de 2012 (a)
	Ghana	12 de enero de 1999	
	Grecia	14 de octubre de 1998	
33	Guyana		25 de octubre de 2011 (a)

	Estados	*Firma*	*Ratificación, aprobación (AA), aceptación (A) o adhesión (a)*
17	India		14 de noviembre de 2005 (a)
	Indonesia	26 de agosto de 1998	
32	Irlanda		9 de febrero de 2011 (a)
20	Italia	18 de mayo de 2000	19 de julio de 2006
8	Jamaica	26 de agosto de 1998	25 de septiembre de 2002
	Kenya	26 de agosto de 1998	
36	Lituania		26 de septiembre de 2012 (a)
	Malta	26 de julio de 2000	
14	Mauricio		22 de diciembre de 2004 (a)
30	Mozambique		12 de enero de 2009 (a)
	Namibia	24 de septiembre de 1999	
10	Nigeria		1 de mayo de 2003 (a)
18	Noruega		10 de mayo de 2006 (a)
12	Omán	19 de agosto de 1999	12 de marzo de 2004
9	Países Bajos	26 de agosto de 1998	21 de noviembre de 2002 (A)
	Pakistán	9 de septiembre de 1999	
24	Polonia		2 de octubre de 2007 (a)
22	Portugal	6 de abril de 2000	2 de febrero de 2007
3	Reino Unido de Gran Bretaña e Irlanda del Norte	19 de agosto de 1999	2 de noviembre de 2000
6	República Checa	1 de agosto de 2000	26 de octubre de 2001
	Senegal	11 de junio de 1999	
	Sudán	6 de agosto de 1999	
35	Togo		11 de junio de 2012 (a)
16	Trinidad y Tabago	26 de agosto de 1998	10 de agosto de 2005
19	Uruguay	21 de octubre de 1998	6 de julio de 2006 (a)

DECLARACIONES Y RESERVAS

(Salvo indicación en contrario, las declaraciones y reservas se efectuaron en el momento de la ratificación, aprobación, aceptación o adhesión).

Argentina

Declaración:

La República de Argentina aplicará los privilegios e inmunidades previstos en el Protocolo sobre los privilegios e inmunidades de la Autoridad Internacional de los Fondos Marinos, adoptado en Kingston el 27 de marzo de 1998, para los funcionarios de la Secretaría de la Autoridad Internacional de los Fondos Marinos que posean su nacionalidad o residan permanentemente en su territorio en la medida estrictamente necesaria para el adecuado desempeño de sus funciones. En materia fiscal y aduanera dichos funcionarios estarán sujetos a las normas nacionales que resulten aplicables.

Chile

Reserva:

El Gobierno de Chile hace reserva de la letra d) del artículo 8 del Protocolo, en el sentido de que tal disposición no liberará a sus nacionales de la prestación de cualquier servicio de carácter nacional.

Cuba

Declaración:

Para la República de Cuba, los apartados 2 a) y b) del artículo 14 del Protocolo no son de aplicación, y solucionará de forma bilateral y negociada cualquier controversia que surja con la Autoridad Internacional de los Fondos Marinos, respecto de la interpretación o aplicación del mencionado Protocolo.

Francia

Reserva:

Francia se propone limitar la exención de impuestos estipulada en los artículos 8 c) y 9 e) del Protocolo:

A los funcionarios de la Autoridad mencionados en el artículo 8, excluidos los expertos en misión para la Autoridad mencionados en el artículo 9;

A los sueldos y emolumentos recibidos de la Autoridad por esos funcionarios, excluido cualquier otro pago que reciban de la Autoridad.

APLICACIÓN TERRITORIAL

Estados	Fecha de recepción de la notificación	Territorios
Países Bajos	7 de enero de 2009	Antillas Neerlandesas

II – RELACIONES EXTERNAS DE LA AUTORIDAD INTERNACIONAL DE LOS FONDOS MARINOS

Según el artículo 169 de la Convención de 1982, el Secretario General de la Autoridad Internacional de los Fondos Marinos adoptará, con la aprobación del Consejo, en los asuntos de competencia de la Autoridad, disposiciones apropiadas de conformidad con el apartado f) del párrafo 2 del artículo 162, para la celebración de consultas y la cooperación con las organizaciones internacionales y con las organizaciones no gubernamentales reconocidas por el Consejo Económico y Social de las Naciones Unidas.

Debe distinguirse la relación en virtud de los acuerdos celebrados de conformidad con el artículo 169 de la condición de observador que se concede con arreglo a los reglamentos de los órganos de la Autoridad. Según lo previsto en su reglamento, la Asamblea ha otorgado la condición de observador a diversas organizaciones intergubernamentales y no gubernamentales, a pesar de que no se ha concluido ningún acuerdo de cooperación entre la Autoridad y tales organizaciones en los términos del artículo 169. Esta situación contrasta con la existente en la Asamblea General de las Naciones Unidas, en la que la condición de observador en el Consejo Económico y Social sigue siendo el elemento central de las relaciones oficiales entre las Naciones Unidas y las organizaciones no gubernamentales.

A – RELACIONES CON ORGANIZACIONES INTERNACIONALES

RELACIONES CON LAS NACIONES UNIDAS

DECISIÓN DE LA ASAMBLEA RELATIVA A LA CONDICIÓN DE OBSERVADOR DE LA AUTORIDAD INTERNACIONAL DE LOS FONDOS MARINOS ANTE LAS NACIONES UNIDAS

La Asamblea de la Autoridad Internacional de los Fondos Marinos,

Tomando nota de que la Asamblea General de las Naciones Unidas en sus resoluciones 49/28 y 50/23, de fechas 6 de diciembre de 1994 y 5 de diciembre de 1995, respectivamente, subrayó que las actividades regidas por la Convención de las Naciones Unidas sobre el Derecho del Mar estaban estrechamente relacionadas entre sí y era preciso examinarlas en forma conjunta. Por consiguiente, reafirmó la importancia que revestían el estudio y examen anuales que efectuaba la Asamblea General de los acontecimientos generals relacionados con la aplicación de la Convención, así como de otros acontecimientos relacionados con el derecho del mar y los asuntos oceánicos,

Teniendo presente que la Autoridad de los Fondos Marinos, como organización internacional autónoma con arreglo a la Convención, es la organización a través de la cual los Estados Partes en la Convención, de conformidad con el régimen establecido para la Zona en la Parte XI y en el Acuerdo de Ejecución, habrán de organizar y controlar las actividades que se realicen en la Zona, especialmente en lo que se refiere a la administración de los recursos de la Zona,

Reconociendo que la Autoridad, en razón de su cometido con arreglo a la Convención, tiene interés en asuntos relativos al derecho del mar y los asuntos oceánicos que examina anualmente la Asamblea General de las Naciones Unidas,

1. *Decide* que la Autoridad Internacional de los Fondos Marinos debe tratar de obtener la condición de observador de las Naciones Unidas para que pueda participar en las deliberaciones de la Asamblea General;

2. *Pide* al Secretario General de la Autoridad Internacional de los Fondos Marinos que adopte las medidas necesarias para obtener dicha condición de observador.

39ª sesión
26 de agosto de 1996

RESOLUCIÓN APROBADA POR LA ASAMBLEA GENERAL

[*sin remisión previa a una Comisión Principal (A/51/L.2 y Add.1)*]

51/6. OTORGAMIENTO DE LA CONDICIÓN DE OBSERVADOR EN LA ASAMBLEA GENERAL A LA AUTORIDAD INTERNACIONAL DE LOS FONDOS MARINOS

La Asamblea General,

Consciente de la importancia de que se dé cumplimiento efectivo a la Convención de las Naciones Unidas sobre el Derecho del Mar de 10 de diciembre de 1982[1] y al Acuerdo relativo a la aplicación de la Parte XI de la Convención de las Naciones Unidas sobre el Derecho del Mar[2], y se apliquen de manera coherente y uniforme, así como de la necesidad creciente de promover y facilitar la cooperación internacional en relación con el derecho del mar y los asuntos oceánicos en los planos mundial, regional y subregional,

Tomando nota de la decisión adoptada por la Asamblea de la Autoridad Internacional de los Fondos Marinos en la continuación de su segundo período de sesiones de solicitar la condición de observador en las Naciones Unidas para la Autoridad a fin de permitirle participar en las deliberaciones de la Asamblea General,

1. *Decide* invitar a la Autoridad Internacional de los Fondos Marinos a participar en las deliberaciones de la Asamblea General en calidad de observador;

2. *Pide* al Secretario General que tome las medidas necesarias para dar cumplimiento a la presente resolución.

40ª sesión plenaria
24 de octubre de 1996

---

[1] *Documentos Oficiales de la Tercera Conferencia de las Naciones Unidas sobre el Derecho del Mar,* vol. XVII (publicación de las Naciones Unidas, No. de venta: S.84.V.3), documento A/CONF.62/122.

[2] Resolución 48/263, anexo.

COMENTARIO

Teniendo presente el estatuto especial de la Autoridad como organización internacional autónoma con arreglo a la Convención de 1982, la Asamblea, en la continuación de su segundo período de sesiones en agosto de 1996, pidió al Secretario General que tratase de obtener la condición de observador ante las Naciones Unidas para la Autoridad a fin de que ésta pudiera participar en las deliberaciones de la Asamblea General (ISBA/A/13 y Corr.1). El 24 de octubre de 1996, en su resolución 51/6, la Asamblea General concedió a la Autoridad la condición de observador. Tal participación es especialmente apropiada, habida cuenta del debate anual en la Asamblea General sobre los océanos y el derecho del mar, y su labor de coordinación general en la materia. De la misma manera, la Asamblea General de las Naciones Unidas, en su quincuagésimo primer período de sesiones, otorgó la condición de observador al Tribunal Internacional del Derecho del Mar el 17 de diciembre de 1996 (resolución 51/204).

FUENTES DOCUMENTALES

- AIFM

ISBA/A/13 y Corr.1, Decisión de la Asamblea relativa a la condición de Observador de la Autoridad Internacional de los Fondos Marinos ante las Naciones Unidas, (*Selección de Decisiones 1/2/3*, 28-29).

ISBA/A/L.13, Declaración del Presidente sobre la labor de la Asamblea en la continuación del segundo período de sesiones, párra. 19, (*Selección de Decisiones 1/2/3*, 34).

ISBA/3/A/4, Informe presentado por el Secretario General de la Autoridad Internacional de los Fondos Marinos con arreglo al párrafo 4 del artículo 166 de la Convención de las Naciones Unidas sobre el Derecho del Mar, párra. 19, (*Selección de Decisiones 1/2/3*, 52).

- NACIONES UNIDAS

A/RES/51/6, Otorgamiento de la condición de observador en la Asamblea General a la Autoridad Internacional de los Fondos Marinos.

ACUERDO DE RELACIÓN ENTRE LAS NACIONES UNIDAS Y LA AUTORIDAD INTERNACIONAL DE LOS FONDOS MARINOS

Las Naciones Unidas y la Autoridad Internacional de los Fondos Marinos,

Teniendo presente que la Asamblea General de las Naciones Unidas, en su resolución 3067 (XXVIII), de 16 de noviembre de 1973, decidió convocar la Tercera Conferencia de las Naciones Unidas sobre el Derecho del Mar con el fin de aprobar una convención que tratara de todas las cuestiones relativas al derecho del mar y que la Conferencia aprobó la Convención de las Naciones Unidas sobre el Derecho del Mar, en la que, entre otras cosas, se estableció la Autoridad Internacional de los Fondos Marinos,

Recordando que la Asamblea General de las Naciones Unidas, en su resolución 48/263, de 28 de julio de 1994, aprobó el Acuerdo relativo a la aplicación de la Parte XI de la Convención de las Naciones Unidas sobre el Derecho del Mar de 10 de diciembre de 1982,

Teniendo presente que la Convención de las Naciones Unidas sobre el Derecho del Mar entró en vigor el 16 de noviembre de 1994 y que el Acuerdo relativo a la aplicación de la Parte XI de la Convención de las Naciones Unidas sobre el Derecho del Mar, de 10 de diciembre de 1982 entró en vigor el 28 de julio de 1996,

Tomando nota de que la Asamblea General, en su resolución 51/6, de 24 de octubre de 1996, invitó a la Autoridad Internacional de los Fondos Marinos a participar en sus deliberaciones en calidad de observador,

Tomando nota también del párrafo 2 f) del artículo 162 de la Convención de las Naciones Unidas sobre el Derecho del Mar de 10 de diciembre de 1982, de la resolución 51/34 de la Asamblea General, de 9 de diciembre de 1996, y de la decisión ISBA/C/10 del Consejo de la Autoridad Internacional de los Fondos Marinos, de 12 de agosto de 1996, en los que se exhorta a concluir un acuerdo de relación entre las Naciones Unidas y la Autoridad Internacional de los Fondos Marinos,

Deseando establecer un sistema mutuamente beneficioso de relaciones que facilite el desempeño de sus respectivas funciones,

Teniendo en cuenta para ello lo dispuesto en la Carta de las Naciones Unidas, la Convención de las Naciones Unidas sobre el Derecho del Mar y el Acuerdo relativo a la aplicación de la Parte XI de la Convención de las Naciones Unidas sobre el Derecho del Mar de 10 de diciembre de 1982,

Han convenido en lo siguiente:

Artículo 1
Propósito del Acuerdo

El presente Acuerdo, concertado por las Naciones Unidas y la Autoridad Internacional de los Fondos Marinos (en lo sucesivo "la Autoridad") de conformidad con lo dispuesto en la Carta de las Naciones Unidas (en lo sucesivo "la Carta"), en la Convención de las Naciones Unidas sobre el Derecho del Mar (en lo sucesivo "la Convención") y en el Acuerdo relativo a la aplicación de la Parte XI de la Convención de las Naciones Unidas sobre el Derecho del Mar de 10 de diciembre de 1982 (en lo sucesivo "el Acuerdo"), respectivamente, obedece al propósito de definir las condiciones de la relación entre las Naciones Unidas y la Autoridad.

Artículo 2
Principios

1.   Las Naciones Unidas reconocen que la Autoridad es la organización por conducto de la cual los Estados Partes en la Convención, de conformidad con la Parte XI de la Convención y con el Acuerdo, organizarán y controlarán las actividades en los fondos marinos y oceánicos y su subsuelo fuera de los límites de la jurisdicción nacional (en lo sucesivo "la Zona"), particularmente con miras a la administración de los recursos de la Zona. Las Naciones Unidas se comprometen a realizar sus actividades de manera de promover el orden jurídico para los mares y océanos establecido en la Convención y en el Acuerdo.

2.   Las Naciones Unidas reconocen que la Autoridad, en virtud de la Convención y del Acuerdo, funcionará como organización internacional autónoma en las relaciones de colaboración con las Naciones Unidas que establece el presente Acuerdo.

3.   La Autoridad reconoce las funciones que incumben a las Naciones Unidas en virtud de la Carta y de otros instrumentos internacionales, en particular en los ámbitos de la paz y la seguridad internacionales, el desarrollo económico, social, cultural y humanitario y la protección y preservación del medio ambiente.

4.   La Autoridad se compromete a realizar sus actividades con arreglo a los propósitos y principios de la Carta para fomentar la paz y la cooperación internacionales y de conformidad con la política de las Naciones Unidas encaminada a promover esos propósitos y principios.

Artículo 3
Cooperación y coordinación

1.   Las Naciones Unidas y la Autoridad reconocen la conveniencia de lograr una coordinación eficaz de las actividades de la Autoridad con las de las Naciones Unidas y sus organismos especializados y de evitar la duplicación innecesaria de actividades.

2.   Las Naciones Unidas y la Autoridad convienen en que, con miras a facilitar el desempeño efectivo de sus respectivas funciones, cooperarán estrechamente y celebrarán consultas respecto de cuestiones de interés común.

Artículo 4
Colaboración con el Consejo de Seguridad

1.   La Autoridad colaborará con el Consejo de Seguridad proporcionándole, cuando lo solicite, la información y asistencia que necesite para cumplir su function

de mantener o restablecer la paz y la seguridad internacionales. En el caso de que se proporcione información de carácter confidencial, el Consejo de Seguridad deberá respetar ese carácter.

2.   Por invitación del Consejo de Seguridad, el Secretario General de la Autoridad podrá asistir a las sesiones de éste para proporcionarle información o asistencia de otra índole en cuestiones que sean de la competencia de la Autoridad.

Artículo 5
Corte Internacional de Justicia

La Autoridad acepta, con sujeción a lo dispuesto en el presente Acuerdo respecto de la salvaguardia del material, los datos y la información de character confidencial, proporcionar la información que solicite la Corte Internacional de Justicia de conformidad con el Estatuto de la Corte.

Artículo 6
Representación recíproca

1.   Sin perjuicio de la decisión adoptada por la Asamblea General en su resolución 51/6, de 24 de octubre de 1996, de otorgar la condición de observador a la Autoridad, y a reserva de las decisiones que se adopten acerca de la asistencia de observadores a sus sesiones, las Naciones Unidas invitarán a la Autoridad, de conformidad con el reglamento y la práctica de los órganos de que se trate, a enviar representantes a las sesiones y conferencias de otros órganos competentes cuando se examinen cuestiones de interés para ella.

2.   A reserva de las decisiones que adopten sus órganos competentes acerca de la asistencia de observadores a sus sesiones, la Autoridad invitará a las Naciones Unidas, de conformidad con el reglamento y la práctica de los órganos de que se trate, a enviar representantes a todas sus sesiones y conferencias cuando se examinen cuestiones de interés para ellas.

3.   Las declaraciones que presenten por escrito las Naciones Unidas a la Autoridad para su distribución serán distribuidas por la secretaría de la Autoridad a todos los miembros del órgano o los órganos correspondientes de ésta, de conformidad con el reglamento aplicable. Las declaraciones que presente por escrito la Autoridad a las Naciones Unidas para su distribución serán distribuidas por la Secretaría de las Naciones Unidas a todos los miembros del órgano o los órganos correspondientes de la Organización de conformidad con el reglamento aplicable. Esas declaraciones serán distribuidas en las cantidades y los idiomas en que hayan sido entregadas a la respectiva secretaría.

Artículo 7
Cooperación entre las dos secretarías

El Secretario General de las Naciones Unidas y el Secretario General de la Autoridad celebrarán consultas periódicamente con respecto al cumplimiento de las funciones que les incumben respectivamente en virtud de la Convención y el Acuerdo. En particular, las celebrarán respecto de las disposiciones administrativas necesarias para que las dos organizaciones puedan desempeñar eficazmente sus funciones y establecer una cooperación y un enlace efectivos entre sus secretarías.

Artículo 8
Intercambio de información, datos y documentos

1. Las Naciones Unidas y la Autoridad dispondrán el intercambio de información, publicaciones e informes que revistan interés común.

2. El Secretario General de las Naciones Unidas, en cumplimiento de las funciones que le encomienda el párrafo 2 a) y b) del artículo 319 de la Convención y que ha asumido en virtud de la resolución 37/66 de la Asamblea General, de 3 de diciembre de 1982, informará a la Autoridad periódicamente de las cuestiones de carácter general que hayan surgido con respecto a la Convención y le notificará periódicamente las ratificaciones, confirmaciones oficiales, denuncias y enmiendas de la Convención, así como de las adhesiones a ella.

3. Las Naciones Unidas y la Autoridad colaborarán para obtener de los Estados Partes en la Convención copias de las cartas o listas de coordenadas geográficas de las líneas del límite exterior de su plataforma continental a que se hace referencia en el artículo 84 de la Convención. Intercambiarán copias de esas listas de coordenadas o, en la medida de lo posible de esas cartas.

4. Cuando los límites exteriores de la jurisdicción nacional de un Estado Parte estén determinados por el límite exterior de la zona económica exclusiva, las Naciones Unidas proporcionarán a la Autoridad copias de las listas de coordenadas geográficas o, en la medida de lo posible, de las cartas que indiquen las líneas del límite exterior de la zona económica exclusiva de dicho Estado Parte que hayan sido depositadas en poder del Secretario General de las Naciones Unidas en cumplimiento de lo dispuesto en el párrafo 2 del artículo 75 de la Convención.

5. La Autoridad, en la medida de lo posible, presentará los estudios o la información especiales que soliciten las Naciones Unidas. La presentación de informes, estudios e información quedará sujeta a las condiciones enunciadas en el artículo 14.

6. Las Naciones Unidas y la Autoridad estarán sujetas a las limitaciones necesarias para la salvaguardia del material, los datos y la información de carácter confidencial que les presenten sus miembros u otros. Con sujeción al párrafo 1 del artículo 4, ninguna de las disposiciones del presente Acuerdo será interpretada en el sentido de que las Naciones Unidas o la Autoridad tengan que proporcionar material, datos e información cuando ello, a su juicio, pueda constituir un abuso de la confianza de uno de sus miembros o de quienquiera le haya suministrado esa información, ni cuando ello entrabe su funcionamiento ordenado.

Artículo 9
Servicios de estadística

Las Naciones Unidas y la Autoridad, reconociendo la conveniencia de la mayor cooperación en materia de estadística y de reducir al mínimo la carga impuesta a los gobiernos y a otras organizaciones de los que recaben información, se comprometen a evitar toda duplicación innecesaria con respecto a las tareas de compilación, análisis y publicación de estadísticas y convienen en celebrar consultas entre sí acerca de la utilización más eficiente de los recursos y del personal técnico en materia de estadística.

Artículo 10
Asistencia técnica

Las Naciones Unidas y la Autoridad se comprometen a colaborar en la prestación de asistencia técnica en los ámbitos de la investigación científica marina en la Zona, la transferencia de tecnología y la prevención, la reducción y el control de la contaminación en el medio marino resultante de actividades en la Zona. En particular, convienen en adoptar las medidas necesarias para lograr una coordinación eficaz en el marco del mecanismo de coordinación existente en el ámbito de la asistencia técnica, teniendo en cuenta las funciones y atribuciones respectivas de las Naciones Unidas y de la Autoridad en virtud de sus instrumentos constitutivos, así como las de las demás organizaciones que participen en actividades de asistencia técnica.

Artículo 11
Disposiciones relativas al personal

1. Las Naciones Unidas y la Autoridad, interesadas en mantener normas uniformes de empleo en el ámbito internacional, convienen en establecer, en la medida de lo posible, normas, procedimientos y disposiciones comunes en materia de personal destinados a evitar desigualdades injustificadas en las condiciones de empleo y a facilitar el intercambio de personal con objeto de obtener el máximo beneficio posible de sus servicios.

2. Con ese fin, las Naciones Unidas y la Autoridad convienen en:

(a) Consultarse de tanto en tanto sobre cuestiones de interés común relativas a las condiciones de empleo de sus funcionarios, a fin de lograr la mayor uniformidad posible en tales materias;

(b) Cooperar en el intercambio de personal, cuando convenga, con carácter temporal o permanente, tomando las disposiciones necesarias para que se mantengan los derechos de antigüedad y de pensión;

(c) Cooperar en el establecimiento y funcionamiento de un mecanismo apropiado para resolver las controversias relativas al empleo de personal y cuestiones conexas.

3. De conformidad con la decisión ISBA/A/15 de la Asamblea de la Autoridad Internacional de los Fondos Marinos, de 15 de agosto de 1996, y previa aprobación de la Asamblea General de las Naciones Unidas, la Autoridad participará en la Caja Común de Pensiones del Personal de las Naciones Unidas de conformidad con el reglamento de ésta y aceptará la competencia del Tribunal Administrativo de las Naciones Unidas en cuestiones relativas a reclamaciones por incumplimiento de ese reglamento.

4. Las condiciones en que la Autoridad y las Naciones Unidas se proporcionarán recíprocamente medios o servicios en relación con las cuestiones

a que se hace referencia en el presente artículo serán, en caso necesario, objeto de acuerdos complementarios que se concertarán a tal efecto.

Artículo 12
Servicios de conferencias

1.   Salvo que la Asamblea General de las Naciones Unidas decida otra cosa, previa notificación a la Autoridad con antelación razonable, las Naciones Unidas proporcionarán a la Autoridad, a título reembolsable, los medios y servicios necesarios para las sesiones de la Autoridad, con inclusión de servicios de traducción e interpretación, documentación y servicios de conferencias.

2.   Las condiciones en que las Naciones Unidas facilitarán a la Autoridad medios o servicios en relación con las cuestiones a que se hace referencia en el presente artículo serán, en caso necesario, objeto de acuerdos separados que se concertarán a tal efecto.

Artículo 13
Cuestiones presupuestarias y financieras

La Autoridad reconoce la conveniencia de establecer una estrecha cooperación presupuestaria y financiera con las Naciones Unidas a fin de beneficiarse de la experiencia de las Naciones Unidas a ese respecto.

Artículo 14
Financiación de los servicios

El costo y los gastos que entrañan la prestación de servicios en virtud del presente Acuerdo serán objeto de acuerdos separados entre la Autoridad y las Naciones Unidas.

Artículo 15
Laissez-passer de las Naciones Unidas

Sin perjuicio del derecho de la Autoridad a expedir sus propios documentos de viaje, los funcionarios de la Autoridad tendrán derecho, de conformidad con las disposiciones especiales que concierten el Secretario General de las Naciones Unidas y el Secretario General de la Autoridad, a usar el *laissez-passer* de las Naciones Unidas como documento válido de viaje en los lugares en que su uso esté reconocido en virtud del Protocolo sobre las Prerrogativas e Inmunidades de la Autoridad Internacional de los Fondos Marinos o de otros acuerdos que establezcan las prerrogativas e inmunidades de la Autoridad.

Artículo 16
Ejecución del presente Acuerdo

El Secretario General de las Naciones Unidas y el Secretario General de la Autoridad podrán concertar las disposiciones complementarias para la ejecución del presente Acuerdo que sean convenientes.

Artículo 17
Enmiendas

El presente Acuerdo podrá ser enmendado mediante acuerdos entre las Naciones Unidas y la Autoridad. Las enmiendas convenidas entrarán en vigor una vez que sean aprobadas por la Asamblea General de las Naciones Unidas y la Asamblea de la Autoridad.

Artículo 18
Entrada en vigor

1.   El presente Acuerdo entrará en vigor cuando haya sido aprobado por la Asamblea General de las Naciones Unidas y la Asamblea de la Autoridad.

2.   El presente Acuerdo será aplicado provisionalmente por las Naciones Unidas y la Autoridad tras su firma por el Secretario General de las Naciones Unidas y el Secretario General de la Autoridad.

DECISIÓN DE LA ASAMBLEA RELATIVA AL ACUERDO SOBRE LA RELACIÓN ENTRE LAS NACIONES UNIDAS Y LA AUTORIDAD INTERNACIONAL DE LOS FONDOS MARINOS

La Asamblea de la Autoridad Internacional de los Fondos Marinos,

Por recomendación del Consejo[1],

Habiendo examinado en su 45ª sesión, celebrada el 27 de marzo de 1997, el Acuerdo sobre la relación entre las Naciones Unidas y la Autoridad Internacional de los Fondos Marinos[2],

Aprueba el Acuerdo.

45ª sesión
27 de marzo de 1997

---

[1] ISBA/3/C/4.
[2] ISBA/3/A/L.2.

RESOLUCIÓN APROBADA POR LA ASAMBLEA GENERAL

[*sin remisión previa a una Comisión Principal (A/52/L.27 y Add.1)*]

52/27. ACUERDO DE RELACIÓN ENTRE LAS NACIONES UNIDAS Y LA AUTORIDAD INTERNACIONAL DE LOS FONDOS MARINOS

La Asamblea General,

Recordando su resolución 51/34, de 9 de diciembre de 1996, en la cual, entre otras cosas, invitó al Secretario General a adoptar medidas encaminadas a que se concertara un acuerdo de vinculación entre las Naciones Unidas y la Autoridad Internacional de los Fondos Marinos, que habría de aplicarse con carácter provisional a la espera de su aprobación por la Asamblea General y la Asamblea de la Autoridad,

Tomando nota de la decisión adoptada por la Asamblea de la Autoridad Internacional de los Fondos Marinos en su tercer período de sesiones[1] de aprobar el Acuerdo de relación entre las Naciones Unidas y la Autoridad Internacional de los Fondos Marinos suscrito el 14 de marzo de 1997 por el Secretario General de las Naciones Unidas y el Secretario General de la Autoridad Internacional de los Fondos Marinos,

Habiendo examinado el Acuerdo de relación entre las Naciones Unidas y la Autoridad Internacional de los Fondos Marinos[2],

Aprueba el Acuerdo, que figura en el anexo de la presente resolución.

57ª sesión plenaria
26 de noviembre de 1997

(Anexo no reproducido)

---

[1] ISBA/3/A/3.
[2] A/52/260, anexo.

COMENTARIO

En el segundo período de sesiones de la Autoridad celebrado en 1996, el Consejo pidió al Secretario General que negociase con el Secretario General de las Naciones Unidas un acuerdo de relación entre la Autoridad y las Naciones Unidas en consonancia con el proyecto de acuerdo elaborado por la Comisión Preparatoria y contenido en el documento LOS/PCN/WP.50/Rev.3. La Asamblea General hizo una petición paralela ese mismo año (resolución 51/34). Las negociaciones relativas al acuerdo se celebraron en enero de 1997. El acuerdo fue negociado y firmado por el Secretario General de las Naciones Unidas y el Secretario General de la Autoridad Internacional de los Fondos Marinos el 14 de marzo de 1997 en Nueva York. En el acuerdo se dispuso que éste sería aplicado provisionalmente por las Naciones Unidas y la Autoridad tras su firma por los respectivos Secretarios Generales y que entraría en vigor cuando fuera aprobado por la Asamblea General de las Naciones Unidas y la Asamblea de la Autoridad. En su 12ª sesión, celebrada el 20 de marzo de 1997, el Consejo aprobó el acuerdo, observó tanto su firma como su aplicación provisional tras la firma y recomendó su aprobación a la Asamblea. Por recomendación del Consejo (contenida en el documento ISBA/3/C/4), la Asamblea de la Autoridad aprobó el acuerdo de relación en su 45ª sesión, celebrada el 27 de marzo de 1997 (ISBA/3/A/3 e ISBA/3/A/L.4, párra. 10). El acuerdo fue aprobado en el quincuagésimo segundo período de sesiones de la Asamblea General de las Naciones Unidas en su 57ª sesión plenaria en virtud de la resolución 52/27, de 26 de noviembre de 1997, y entró en vigor en esa fecha.

El acuerdo establece un régimen de estrecha cooperación entre las secretarías de ambas organizaciones a fin de asegurar una coordinación eficaz de las actividades y evitar una duplicación innecesaria de los trabajos. Entre las modalidades de cooperación se incluye la colaboración en asuntos de personal.

El artículo 11 3) del Acuerdo de relación se refiere a la participación de la Autoridad en la Caja Común de Pensiones del Personal de las Naciones Unidas (CCPPNU) y a la aceptación de la competencia del Tribunal Administrativo de las Naciones Unidas en cuestiones relativas a reclamaciones por incumplimiento del reglamento de la Caja, lo que exigía rematar varias gestiones administrativas. En su segundo período de sesiones, celebrado en agosto de 1996, la Asamblea había decidido, observando la recomendación de la Comisión Preparatoria, que la opción más conveniente para la Autoridad era su participación en la CCPPNU y pidió al Secretario General que adoptase medidas al efecto. En su 180ª sesión, celebrada en julio de 1997, el Comité Permanente del Comité Mixto de la Caja, en nombre del Comité Mixto, decidió recomendar a la

Asamblea General de las Naciones Unidas la afiliación de la Autoridad a la Caja. En la decisión 52/458, de 22 de diciembre de 1997, la Asamblea General decidió aprobar la afiliación de la Autoridad a la Caja a partir del 1 de enero de 1998. Con arreglo a los Estatutos de la Caja, el 18 de junio de 1998 el Secretario General concertó un acuerdo entre la Caja y la Autoridad por el que se regulaban los asuntos relativos a la afiliación a la Caja. En la misma fecha, la Autoridad y las Naciones Unidas concertaron también un acuerdo especial por el que se hacía extensiva a la Autoridad la competencia del Tribunal Administrativo de las Naciones Unidas, respecto de las reclamaciones de los funcionarios de la Autoridad que adujesen incumplimiento de los Estatutos de la Caja.

Con objeto de dar efectos al artículo 11 2) c) del Acuerdo de relación, el 13 de marzo de 2003, mediante un canje de cartas, las Naciones Unidas y la Autoridad concertaron un acuerdo por el que se hizo extensiva la competencia del Tribunal Administrativo de las Naciones Unidas (TANU) como instancia de apelación para solucionar controversias relacionadas con el empleo del personal de la Autoridad y cuestiones conexas. La abolición, con efectos a partir del 31 de diciembre de 2009, del TANU como parte de la reforma de la administración de justicia de las Naciones Unidas, hizo necesario que las Naciones Unidas y la Autoridad concertasen un nuevo acuerdo por el que la Autoridad reconociese la competencia del Tribunal de Apelaciones de las Naciones Unidas con respecto a las mismas cuestiones. El texto de ese acuerdo figura en el anexo I del documento ISBA/16/C/4.

Conforme a lo previsto en el artículo 11 2) b) del Acuerdo de relación, el 26 de febrero de 2001 la Autoridad se adhirió al Acuerdo interorganizacional sobre el traslado, la adscripción o el préstamo de personal entre las organizaciones que aplican el régimen común de sueldos y prestaciones de las Naciones Unidas (el Acuerdo interorganizacional). La Sección de Tratados de la Oficina de Asuntos Jurídicos de las Naciones Unidas efectuó el debido registro al efecto el 13 de junio de 2003, con el número B-938. El propósito del Acuerdo interorganizacional, que es administrado por la Junta de los jefes ejecutivos del sistema de las Naciones Unidas para la coordinación, es facilitar el intercambio de personal entre las Naciones Unidas, sus organismos especializados y otras organizaciones intergubernamentales que aplican el régimen común de sueldos y prestaciones de las Naciones Unidas, definiendo los derechos y obligaciones del funcionario trasladado, adscrito o prestado de una organización a otra y exponiendo los derechos y responsabilidades de las dos organizaciones concernidas.

El Acuerdo de relación establece también mecanismos para la representación recíproca en las sesiones, teniendo en cuenta que la Autoridad goza de la condición de observadora ante las Naciones Unidas.

El Acuerdo de relación instituye procedimientos mediante los que la Autoridad y las Naciones Unidas podrán cooperar en el intercambio de información y en el cumplimiento de sus funciones respectivas al amparo de la Convención de 1982. En particular, el artículo 12 del acuerdo dispone que salvo que la Asamblea General de las Naciones Unidas decida otra cosa, previa notificación a la Autoridad con antelación razonable, las Naciones Unidas proporcionarán a la Autoridad, a título reembolsable, los medios y servicios necesarios para las sesiones de la Autoridad, con inclusión de servicios de traducción, interpretación, documentación y conferencias.

El 18 de diciembre de 1997 el Secretario General de las Naciones Unidas y el Presidente del Tribunal Internacional del Derecho del Mar firmaron en Nueva York un acuerdo similar de cooperación y relación entre las Naciones Unidas y el citado Tribunal, que establecía un mecanismo para la cooperación entre ambas organizaciones. El acuerdo disponía que sería aplicado provisionalmente por las Naciones Unidas y el Tribunal Internacional del Derecho del Mar a partir de la fecha de su firma y entraría en vigor cuando hubiera sido aprobado por la Asamblea General de las Naciones Unidas y por el Tribunal Internacional del Derecho del Mar. El Tribunal Internacional del Derecho del Mar confirmó su aprobación del acuerdo el 12 de marzo de 1998 en su quinto período de sesiones. El 8 de septiembre de 1998 fue aprobado por la Asamblea General de las Naciones Unidas en virtud de su resolución 52/251 y entró en vigor en esa fecha.

FUENTES DOCUMENTALES

- COMISIÓN PREPARATORIA

LOS/PCN/WP.50/Rev.3, Proyecto definitivo de Acuerdo sobre las Relaciones entre las Naciones Unidas y la Autoridad Internacional de los Fondos Marinos, reproducido en: LOS/PCN/153, Vol. V, 140-146.

- AIFM

ISBA/A/15, Decisión de la Asamblea relativa a la participación de la Autoridad Internacional de los Fondos Marinos en la Caja Común de Pensiones del Personal de las Naciones Unidas, (*Selección de Decisiones 1/2/3*, 31-32).

ISBA/A/L.11, Proyecto de decisión de la Asamblea relativo a la participación de la Autoridad Internacional de los Fondos Marinos en la Caja Común de Pensiones del Personal de las Naciones Unidas.

ISBA/A/L.13, Declaración del Presidente sobre la labor de la Asamblea en la continuación del segundo período de sesiones, párra. 18, (*Selección de Decisiones 1/2/3*, 34).

ISBA/3/A/3, Decisión de la Asamblea relativa al Acuerdo sobre la relación entre las Naciones Unidas y la Autoridad Internacional de los Fondos Marinos, (*Selección de Decisiones 1/2/3*, 45).

ISBA/3/A/4, Informe presentado por el Secretario General de la Autoridad Internacional de los Fondos Marinos con arreglo al párrafo 4 del artículo 166 de la Convención de las Naciones Unidas sobre el Derecho del Mar, párras. 13 y 20-21, (*Selección de Decisiones 1/2/3*, 49-50 y 52).

ISBA/3/A/L.2, Acuerdo de relación entre las Naciones Unidas y la Autoridad Internacional de los Fondos Marinos.

ISBA/3/A/L.4, Declaración del Presidente sobre la labor de la Asamblea en el tercer período de sesiones, párras. 1 y 10, (*Selección de Decisiones 1/2/3*, 45 y 47).

ISBA/4/A/11, Informe presentado por el Secretario General de la Autoridad Internacional de los Fondos Marinos con arreglo al párrafo 4 del artículo 166 de la Convención de las Naciones Unidas sobre el Derecho del Mar, párras. 13 y 26, (*Selección de Decisiones 4*, 54 y 56).

ISBA/10/A/3, Informe presentado por el Secretario General de la Autoridad Internacional de los Fondos Marinos con arreglo al párrafo 4 del artículo 166 de la Convención de las Naciones Unidas sobre el Derecho del Mar, párras. 47, 50 y 53, (*Selección de Decisiones 10*, 24-26).

ISBA/C/10, Decisión del Consejo de la Autoridad Internacional de los Fondos Marinos relativa al Acuerdo sobre las relaciones entre la Autoridad Internacional de los Fondos Marinos y las Naciones Unidas (*Selección de Decisiones 1/2/3*, 39).

ISBA/C/L.3, Declaración del Presidente interino sobre la labor del Consejo durante la continuación del segundo período de sesiones, párra. 11, (*Selección de Decisiones 1/2/3*, 42).

ISBA/3/C/4, Recomendación del Consejo relativa al Acuerdo de relación entre las Naciones Unidas y la Autoridad Internacional de los Fondos Marinos.

ISBA/3/C/L.2, Acuerdo sobre las relaciones entre las Naciones Unidas y la Autoridad Internacional de los Fondos Marinos.

ISBA/3/C/L.4, Declaración del Presidente sobre la labor realizada por el Consejo en el tercer período de sesiones, párra. 9, (*Selección de Decisiones 1/2/3*, 68).

ISBA/16/C/4, Enmiendas del Estatuto del Personal de la Autoridad Internacional de los Fondos Marinos, (*Selección de Decisiones 16*, 93-99).

ISBA/16/C/14*, Declaración del Presidente del Consejo de la Autoridad Internacional de los Fondos Marinos sobre la labor del Consejo en el 16° período de sesiones, párra. 15, (*Selección de Decisiones 16*, 123).

- NACIONES UNIDAS

A/RES/51/34, Derecho del mar.

A/RES/52/27, Acuerdo de relación entre las Naciones Unidas y la Autoridad Internacional de los Fondos Marinos.

United Nations, *Treaty Series*, vol. 2217, B-938.

RELACIONES CON OTRAS ORGANIZACIONES INTERNACIONALES

MEMORANDO DE ENTENDIMIENTO ENTRE LA COMISIÓN OCEANOGRÁFICA INTERGUBERNAMENTAL DE LA UNESCO Y LA AUTORIDAD INTERNACIONAL DE LOS FONDOS MARINOS

El propósito del presente Memorando de Entendimiento tiene por objeto precisar el ámbito de cooperación entre la Comisión Oceanográfica Intergubernamental de la UNESCO (en adelante denominada "la COI") y la Autoridad Internacional de los Fondos Marinos (en adelante denominada "la Autoridad") para promover la investigación científica marina en la zona internacional de los fondos marinos y la publicación y divulgación de los resultados de las investigaciones y análisis en mutuo beneficio de los Estados Miembros y a la luz de las disposiciones pertinentes de la Convención de las Naciones Unidas sobre el Derecho del Mar de 10 de diciembre de 1982 (en adelante denominada "la Convención"), en particular el artículo 143, el párrafo 13 del artículo 163, el artículo 169, y el párrafo 5 h) de la sección 1 del Acuerdo relativo a la aplicación de la parte XI de la Convención aprobado el 28 de julio de 1994 por la Asamblea General de las Naciones Unidas en su resolución 48/263 (en adelante denominado "el Acuerdo").

LA COI Y LA AUTORIDAD ACUERDAN:

1. Celebrar consultas, cuando sea apropiado y práctico, sobre cuestiones de interés mutuo en el campo de la investigación científica marina, servicios conexos y creación de capacidad con vistas a promover o mejorar el conocimiento de las actividades en la zona internacional de los fondos marinos;

2. Cooperar estrechamente cuando sea apropiado y práctico, en el ámbito de los servicios marítimos, especialmente en la recopilación de datos e información sobre el medio ambiente. A tales efectos, los Centros Mundiales de Datos del Programa IOC-IODE (Comité de la COI sobre Intercambio Internacional de Datos e Información Oceanográficos) podrán prestar su asistencia a la Autoridad para determinar las lagunas existentes, recuperar los datos apropiados y crear una base de datos para la realización de análisis y síntesis;

3.   Invitar a sus respectivos representantes a que asistan y participen en las reuniones de sus respectivos órganos rectores en calidad de observadores, de conformidad con los reglamentos de dichos órganos;

4.   Intercambiar, cuando proceda, datos e información sobre materias de interés mutuo;

5.   Organizar, cuando proceda, estudios y seminarios de cooperación;

6.   Que el presente Memorando de Entendimiento se concluye sin perjuicio de los acuerdos celebrados por cualquiera de las partes con otras organizaciones y programas;

7.   Que la cooperación entre las organizaciones a que se hace referencia en el presente documento está sujeta al régimen de confidencialidad de los datos y la información que se impone a la Autoridad en virtud de la Convención con respecto a los datos e informaciones que le presenten los solicitantes y contratistas para la exploración de recursos de la zona internacional de los fondos marinos;

8.   Que el presente Memorando de Entendimiento entrará en vigor a partir de su firma por el Secretario Ejecutivo de la Comisión Oceanográfica Intergubernamental y el Secretario General de la Autoridad Internacional de los Fondos Marinos, y podrá ser denunciado por cualquiera de las partes mediante notificación por escrito dirigida a la otra parte con una antelación mínima de seis meses a la fecha de terminación propuesta;

EN FE DE LO CUAL los infrascritos han firmado en dos ejemplares de igual tenor el presente Memorando de Entendimiento.

Patricio BERNAL   Satya N. NANDAN
Secretario Ejecutivo   Secretario General
Comisión Oceanográfica Internacional   Autoridad Internacional de los Fondos
Fecha: 7 de julio de 2000   Marinos
                                                                       Fecha: 5 de mayo de 2000

COMENTARIO

En mayo de 2000, el Secretario General de la Autoridad y el Secretario Ejecutivo de la Comisión Oceanográfica Intergubernamental (COI/UNESCO) firmaron un Memorando de Entendimiento sobre la cooperación entre ambas organizaciones para promover la investigación científica marina en la zona internacional de los fondos marinos. De acuerdo con el Memorando de Entendimiento, ambas organizaciones celebrarán consultas, cuando sea apropiado y práctico, sobre cuestiones de interés mutuo en el ámbito de la investigación científica marina y colaborarán en la recopilación de datos e información sobre el medio ambiente.

FUENTES DOCUMENTALES

- AIFM

ISBA/6/A/9, Informe presentado por el Secretario General de la Autoridad Internacional de los Fondos Marinos con arreglo al párrafo 4 del artículo 166 de la Convención de las Naciones Unidas sobre el Derecho del Mar, párra. 13, (*Selección de Decisiones 6*, 15).

MEMORANDO DE ENTENDIMIENTO ENTRE LA COMISIÓN OSPAR Y LA AUTORIDAD INTERNACIONAL DE LOS FONDOS MARINOS

El propósito de este memorando de entendimiento es precisar el alcance de la cooperación entre la Comisión establecida en virtud del Convenio para la protección del medio marino del Atlántico Nordeste (Convenio OSPAR), firmado en París el 22 de septiembre de 1992 (de aquí en más denominada "la Comisión OSPAR") y la Autoridad Internacional de los Fondos Marinos (denominada en lo sucesivo "la Autoridad"), establecida por la Convención de las Naciones Unidas sobre el Derecho del Mar ("la Convención"), firmada en Montego Bay el 10 de diciembre de 1982.

POR CUANTO:

La Comisión OSPAR ha estado tomando iniciativas para establecer una red de zonas marinas protegidas, a fin de proteger la biodiversidad en zonas ubicadas fuera de la jurisdicción nacional, como parte de las obligaciones que le incumben en virtud del Convenio OSPAR y su anexo V;

La Comisión OSPAR, en cumplimiento de sus obligaciones, procura en lo posible cooperar con las organizaciones regionales competentes y otras organizaciones internacionales y órganos competentes;

La Comisión OSPAR promulgó un Código de conducta para la investigación marina responsable en aguas profundas y la alta mar de la Zona marítima OSPAR;

La Autoridad es la organización competente a través de la cual los Estados Partes en la Convención, de conformidad con la Parte XI de la Convención y el Acuerdo de 1994 relativo a la aplicación de la Parte XI de la Convención aprobado el 28 de julio de 1994 por la Asamblea General de las Naciones Unidas en la resolución 48/263 ("el Acuerdo de 1994"), organizan y controlan las actividades que se realizan en la Zona, particularmente con miras a la administración de los recursos minerales de la Zona, tal como se define en el apartado 1) del párrafo 1 del artículo 1 de la Convención;

La Autoridad promueve y alienta la realización de investigaciones científicas marinas con respecto a las actividades llevadas a cabo en la Zona y la recopilación y difusión de los resultados de tales investigaciones y análisis, cuando estén disponibles, con especial hincapié en la investigación relacionada con los efectos ambientales de las actividades realizadas en la Zona de conformidad con el artículo 143 de la Convención y el apartado h) del párrafo 5 de la sección 1 del Acuerdo de 1994;

La Autoridad tiene competencia para adoptar las medidas que sean necesarias para garantizar la protección efectiva del medio marino contra los efectos nocivos que puedan derivarse de las actividades realizadas en la Zona conforme al artículo 145 de la Convención y el apartado g) del párrafo 5 de la sección 1 del Acuerdo de 1994;

La Autoridad procura la celebración de consultas y la cooperación con, entre otras, las organizaciones internacionales sobre asuntos de la competencia de la Autoridad;

Todas las partes en el Convenio OSPAR son miembros de la Autoridad;

Cuando haya superposición entre la "zona marítima" que se define en el apartado a) del artículo 1 del Convenio OSPAR y la "Zona" definida en el apartado 1) del párrafo 1 del artículo 1 de la Convención, tanto la Comisión OSPAR como la Autoridad tendrán competencia complementaria; esta competencia debe ejercerse de conformidad con los principios que rigen la Zona, tal como se estipula en la sección 2 de la Parte XI de la Convención;

La Comisión OSPAR y la Autoridad tienen gran interés en la protección del medio marino, incluidos los ecosistemas vulnerables de las aguas profundas de la Zona que están relacionados con algunos recursos minerales, y han adoptado iniciativas a escala regional en la materia, en la zona de la fractura Charlie Gibbs en la Dorsal Mesoatlántica y en la zona de la fractura Clarion-Clipperton del Océano Pacífico, respectivamente;

Una mayor cooperación entre la Comisión OSPAR y la Autoridad contribuirá a garantizar la adecuada coordinación de las medidas con objeto de conciliar el desarrollo de los recursos minerales con una amplia protección del medio marino;

Las consultas ayudarán a garantizar que las zonas marinas protegidas sean establecidas guardando el debido respeto por los derechos y deberes de los Estados y la Autoridad, de acuerdo con lo estipulado en el Convenio y el Acuerdo de 1994;

LA COMISIÓN OSPAR Y LA AUTORIDAD HAN DECIDIDO:

1. Celebrar consultas, cuando resulte apropiado y práctico, sobre asuntos de interés común con el fin de promover o fomentar un mejor entendimiento y coordinación de sus actividades respectivas en relación con tales asuntos;

2. Alentar la realización de investigaciones científicas marinas en las zonas marítimas del Atlántico Nordeste que se encuentran fuera de la jurisdicción nacional, a fin de contribuir a las evaluaciones en curso, sobre la base de la mejor información científica disponible y de acuerdo con el criterio de precaución y un enfoque basado en el ecosistema, de:

    (i)   La distribución, abundancia y estado de los hábitats vulnerables de las aguas profundas;

    (ii) La situación de las poblaciones de especies marinas;

(iii) La eficacia de las medidas encaminadas a la conservación de la diversidad biológica marina en zonas ubicadas fuera de la jurisdicción nacional en el Atlántico Nordeste;

3.   Cooperar, cuando sea apropiado y práctico, en la recogida de datos e información ambientales y, cuando sea posible, intercambiar datos normalizados e información, incluidos los informes de las reuniones que revistan importancia para ambas;

4.   Invitar a los representantes del otro organismo a que asistan y participen en las reuniones de sus respectivos órganos rectores en calidad de observadores de conformidad con el reglamento de dichos órganos, según corresponda;

5.   Llevar a cabo, según proceda, estudios y seminarios en régimen de cooperación;

6.   Que el presente memorando de entendimiento no irá en perjuicio de los acuerdos celebrados por cualquiera de los signatarios con otras organizaciones y programas;

7.   Que la cooperación entre ellos está sujeta al requisito de la confidencialidad de los datos y la información impuesto a la Autoridad por la Convención respecto de los datos y la información que le presenten los solicitantes y contratistas para la exploración de los recursos de la Zona;

8.   Que este memorando de entendimiento entrará en vigor tras su firma por el Presidente de la Comisión OSPAR y el Secretario General de la Autoridad. Podrá ser denunciado por cualquiera de los signatarios mediante notificación escrita al otro signatario con seis meses de antelación a la fecha de terminación propuesta;

EN FE DE LO CUAL, los abajo firmantes suscriben el presente memorando de entendimiento por duplicado.

(Firmado)
Presidente de la Comisión OSPAR
Fecha: 20 de junio 2011

(Firmado)
Secretario General de la Autoridad
Internacional de los Fondos Marinos
Fecha: 26 de mayo 2011

COMENTARIO

En 2008, la secretaría de la Comisión OSPAR, establecida en virtud del Convenio para la protección del medio marino del Atlántico Nordeste (Convenio OSPAR)[1] se comunicó con la secretaría de la Autoridad en

---

[1]   El mandato de la Comisión OSPAR es supervisar la aplicación de su instrumento constitutivo. Las Partes Contratantes del Convenio OSPAR son Alemania, Bélgica, Dinamarca, España, Finlandia, Francia, Irlanda, Islandia, Luxemburgo, Noruega, los Países Bajos, Portugal, el Reino Unido de Gran Bretaña e Irlanda del Norte, Suecia, Suiza y la Unión Europea. Las 16 Partes Contratantes del Convenio OSPAR son también miembros de la Autoridad.

relación con una propuesta presentada a la Comisión OSPAR para el establecimiento de una zona marina protegida en la zona de fractura Charlie Gibbs. Esa zona está ubicada fuera de los límites de la jurisdicción nacional, pero dentro de la Zona del Convenio OSPAR, en la Dorsal Mesoatlántica. En septiembre de 2008 tuvo lugar una reunión oficiosa a nivel de secretarías entre la secretaría de la Comisión OSPAR, la Autoridad y la secretaría de la Comisión de Pesquerías del Atlántico Nordeste (CPANE), en la que se acordó que, dado el solapamiento de jurisdicciones y mandatos de las organizaciones en cuestión, y especialmente el mandato de la Autoridad con respecto a los fondos marinos fuera de los límites de la jurisdicción nacional de la Zona del Convenio OSPAR, se debería establecer un diálogo para garantizar el establecimiento de zonas marinas protegidas con el debido respeto a los derechos y deberes de los Estados enunciados en la Convención de 1982 y el Acuerdo de 1994, y respetando plenamente la competencia de la Autoridad para gestionar actividades en la Zona. En su reunión celebrada los días 11 y 12 de noviembre de 2008, los jefes de delegación ante la OSPAR reconocieron el mandato de la Autoridad como la organización competente para regular las extracciones mineras en las profundidades marinas y apoyaron la idea de elaborar un memorando de entendimiento entre la Comisión OSPAR y la Autoridad para garantizar la coordinación apropiada de medidas entre ambas organizaciones.

En 2009, en el 15° período de sesiones de la Autoridad, durante el debate sobre el informe anual del Secretario General de la Autoridad, la Asamblea acogió con beneplácito la iniciativa de intensificar la relación de cooperación entre la Comisión OSPAR y la Autoridad pues lo consideró un avance valioso para la Autoridad. La Asamblea también pidió al Secretario General que prosiguiera el diálogo con el Secretario Ejecutivo de la Comisión OSPAR para perfilar los términos de un memorando de entendimiento entre la Comisión OSPAR y la Autoridad.

De resultas de las deliberaciones ulteriores entre las secretarías de las dos organizaciones sobre los términos de un memorando de entendimiento, se distribuyó a las Partes contratantes de la OSPAR un borrador elaborado por la Autoridad, de conformidad con los procedimientos de la Organización, que fue examinado también en la reunión de los jefes de delegación ante la Comisión OSPAR celebrada el 17 de febrero de 2010. A reserva de cambios editoriales, los jefes de delegación acordaron que el borrador de memorando de entendimiento se presentase a la Autoridad para su aprobación en el 16° período de sesiones.

En el 16° período de sesiones, en su 125ª sesión, celebrada el 27 de abril de 2010, la Asamblea de la Autoridad tomó nota del texto del memorando de entendimiento (ISBA/16/A/INF/2, anexo) y lo aprobó.

La Asamblea examinó también la solicitud presentada por la Comisión OSPAR para obtener la condición de observadora y decidió invitarla a participar en sus sesiones en calidad de observadora, de acuerdo con lo dispuesto en el artículo 82, párrafo 1 d) del reglamento de la Asamblea.

Tras su aprobación por la Asamblea, el memorando de entendimiento fue presentado a los jefes de delegación ante la Comisión OSPAR para su aprobación en la sesión anual de la Comisión OSPAR en Bergen (Noruega) del 20 al 24 de septiembre de 2010. La Comisión OSPAR aprobó el memorando de entendimiento y acordó conceder recíprocamente la condición de observadora a la Autoridad. El Secretario General de la Autoridad y el Presidente de la Comisión OSPAR firmaron el memorando los días 26 de mayo y 20 de junio de 2011, respectivamente.

FUENTES DOCUMENTALES

- AIFM

ISBA/15/A/2, Informe del Secretario General de la Autoridad Internacional de los Fondos Marinos con arreglo al párrafo 4 del artículo 166 de la Convención de las Naciones Unidas sobre el Derecho del Mar, párras. 19-21, (*Selección de Decisiones 15*, 4-5).

ISBA/15/A/9, Declaración del Presidente de la Autoridad Internacional de los Fondos Marinos sobre la labor de la Asamblea durante el 15° período de sesiones, párra. 13, (*Selección de Decisiones 15*, 33).

ISBA/16/A/INF.2, Solicitud de reconocimiento de la condición de observador con arreglo al apartado d) del párrafo 1 del artículo 82 del reglamento de la Asamblea en nombre de la Comisión OSPAR.

ISBA/16/A/2, Informe presentado por el Secretario General de la Autoridad Internacional de los Fondos Marinos con arreglo al párrafo 4 del artículo 166 de la Convención de las Naciones Unidas sobre el Derecho del Mar, párras. 17-18 y 115, (*Selección de Decisiones 16*, 4 y 29).

ISBA/16/A/13, Declaración del Presidente de la Asamblea de la Autoridad Internacional de los Fondos Marinos sobre la labor de la Asamblea durante su 16° período de sesiones, párra. 6, (*Selección de Decisiones 16*, 84).

B – RELACIONES CON ORGANIZACIONES NO GUBERNAMENTALES

MEMORANDO DE ENTENDIMIENTO ENTRE EL COMITÉ INTERNACIONAL PARA LA PROTECCIÓN DE LOS CABLES SUBMARINOS Y LA AUTORIDAD INTERNACIONAL DE LOS FONDOS MARINOS

El objetivo del presente memorando de entendimiento es determinar el alcance de la cooperación entre el Comité Internacional para la Protección de los Cables Submarinos Ltd (denominado en adelante el "Comité") y la Autoridad Internacional de los Fondos Marinos (denominada en adelante la "Autoridad").

CONSIDERANDO:

Que el Comité es una organización que representa a la industria dedicada a los cables submarinos que se ha establecido para promover la seguridad y salvaguardia de los cables submarinos contra los peligros naturales y los causados por el hombre;

Que los cables submarinos proporcionan una infraestructura crítica y que el tendido de cables submarinos es una de las libertades de la alta mar de conformidad con los artículos 87 y 112 a 115 de la Convención de las Naciones Unidas sobre el Derecho del Mar de 10 de diciembre de 1982 (la "Convención"), libertades que serán ejercidas por todos los Estados teniendo debidamente en cuenta los intereses de otros Estados y los derechos previstos en la Convención con respecto a las actividades en la Zona, que de conformidad con el artículo 1, párrafo 1 1) de la Convención está constituida por los fondos marinos y oceánicos y su subsuelo fuera de los límites de la jurisdicción nacional;

Que, de conformidad con la Parte XI de la Convención y del Acuerdo relativo a la aplicación de la Parte XI de la Convención (el "Acuerdo"), aprobado por la Asamblea General de las Naciones Unidas el 28 de julio de 1994 en su resolución 48/263, la Autoridad es la organización por conducto de la cual los Estados partes en la Convención organizarán y controlarán las actividades en la Zona, particularmente con miras a la administración de los recursos minerales de la Zona;

Que tanto el Comité como la Autoridad tienen gran interés en proteger el medio ambiente marino contra los efectos perjudiciales resultantes de sus respectivas actividades;

Que el aumento de la cooperación entre el Comité y la Autoridad ayudaría a evitar posibles conflictos entre el tendido y el mantenimiento de los cables submarinos y las actividades actuales y futuras en la Zona;

EN CONSECUENCIA, EL COMITÉ Y LA AUTORIDAD CONVIENEN EN:

1. Celebrar consultas, cuando proceda y sea práctico, sobre cuestiones de interés mutuo con miras a promover o impulsar una mejor comprensión de sus actividades respectivas;

2. Invitar cada uno a representantes de la otra parte a asistir a las reuniones de sus respectivos órganos rectores en calidad de observadores y a participar en ellas, de conformidad con los reglamentos de esos órganos;

3. Intercambiar cuando sea posible información sobre la ubicación de los cables y las zonas de prospección y exploración o facilitar dicho intercambio mediante enlace directo con los propietarios de los sistemas internacionales de cables, con sujeción a las disposiciones de confidencialidad;

4. Cooperar, cuando proceda y sea práctico, en la reunión de datos e información sobre el medio ambiente y, cuando sea posible, intercambiar datos e información normalizados;

5. Realizar, cuando proceda, estudios y seminarios cooperativos;

6. Invitar cada uno a representantes de la otra parte a participar en las reuniones de expertos y los cursos prácticos pertinentes;

7. Que la celebración del presente memorando de entendimiento no va en detrimento de los acuerdos concertados por una u otra de las partes con otras organizaciones y programas;

8. Que la cooperación entre las dos organizaciones que conciertan el presente memorando está sujeta a las necesidades de confidencialidad de los datos y la información impuestos a la Autoridad por la Convención, el Acuerdo y las normas, reglamentos y procedimientos pertinentes de la Autoridad respecto de los datos y la información que le transmiten solicitantes y contratistas en relación con los trabajos de exploración y explotación en la Zona, y al Comité de conformidad con sus normas y artículos y a la aprobación de los miembros prevista en ellos;

9. Que el presente memorando de entendimiento entrará en vigor en el momento de su firma por el Presidente del Comité y por el Secretario General de la Autoridad. Cualquiera de las dos partes podrá darlo por terminado anunciándolo por escrito a la otra seis meses antes de la fecha de terminación propuesta.

EN TESTIMONIO DE LO CUAL los suscritos han firmado por duplicado el presente memorando de entendimiento.

(Firmado)	(Firmado)
El Presidente del Comité Internacional	Secretario General de la Autoridad
para la Protección de los Cables Submarinos	Internacional de los Fondos Marinos
25 de febrero de 2010	15 de diciembre de 2009

COMENTARIO

El Comité Internacional para la Protección de los Cables Submarinos es una organización mundial que representa a la industria de telecomunicaciones y tendido de cables. Se estableció en 1958 y tiene el mandato de proporcionar liderazgo y orientación en relación con cuestiones que tienen que ver con la planificación, la instalación, la operación, el mantenimiento y la protección de los cables submarinos contra los peligros naturales y los causados por el hombre. También constituye un foro para el intercambio de información técnica y jurídica relativa a los métodos y programas para la protección de los cables submarinos, especialmente el intercambio de información sobre la ubicación de los cables existentes y previstos.

En el 15° período de sesiones de la Autoridad, siguiendo la práctica de organizar reuniones de información técnica para los representantes de los miembros de la Autoridad presentes en Kingston acerca de cuestiones relacionadas con la labor del Consejo y la Asamblea, el Presidente del Comité hizo una breve exposición informativa al Consejo sobre el trabajo del Comité. En deliberaciones posteriores, los miembros de la Autoridad observaron que, si bien el tendido de cables submarinos era una de las libertades de la alta mar, convenía a los intereses de la Autoridad y de los miembros del Comité cooperar para evitar posibles conflictos entre el tendido de cables y las actividades en la Zona. Además se observó que ambas organizaciones tenían también gran interés en proteger el medio ambiente marino contra los efectos adversos de sus actividades respectivas. En consecuencia, se sugirió que se invitara al Comité a ser observador en la Asamblea de conformidad con el artículo 82, párrafo 1 e) del reglamento.

De resultas de la celebración de nuevas conversaciones entre la secretaría de la Autoridad y el Comité, se consideró conveniente concertar un memorando de entendimiento en que se establecieran el alcance y el objetivo de la cooperación entre las dos organizaciones. El memorando fue firmado por el Secretario General de la Autoridad y el Presidente del Comité el 15 de diciembre de 2009 y el 25 de febrero de 2010, respectivamente.

El memorando, junto con la solicitud del Comité para que se le concediese la condición de observador, fue presentado a la Asamblea para su aprobación en el 16° período de sesiones. En su 125ª sesión, celebrada el 27 de abril de 2010, la Asamblea decidió invitar al Comité a participar en la Asamblea en calidad de observador, de acuerdo con lo dispuesto en el artículo 82, párrafo 1 e) del reglamento de la Asamblea. La Asamblea también tomó nota del memorando de entendimiento firmado entre el Comité y la Autoridad (ISBA/16/A/INF/1, anexo) y lo aprobó.

FUENTES DOCUMENTALES

- AIFM

ISBA/15/A/2, Informe del Secretario General de la Autoridad Internacional de los Fondos Marinos con arreglo al párrafo 4 del artículo 166 de la Convención de las Naciones Unidas sobre el Derecho del Mar, párra. 22, (*Selección de Decisiones 15, 5*).

ISBA/15/A/9, Declaración del Presidente de la Asamblea de la Autoridad Internacional de los Fondos Marinos sobre la labor de la Asamblea durante el 15° período de sesiones, párra. 13, (*Selección de Decisiones 15, 33*).

ISBA/16/A/INF.1, Solicitud de la condición de observador presentada de conformidad con el artículo 82, párrafo 1 e) del reglamento de la Asamblea en nombre del Comité Internacional para la Protección de los Cables Submarinos.

ISBA/16/A/2, Informe presentado por el Secretario General de la Autoridad Internacional de los Fondos Marinos con arreglo al párrafo 4 del artículo 166 de la Convención de las Naciones Unidas sobre el Derecho del Mar, párras. 19-21, (*Selección de Decisiones 16, 4-5*).

ISBA/16/A/13, Declaración del Presidente de la Asamblea de la Autoridad Internacional de los Fondos Marinos sobre la labor de la Asamblea durante su 16° período de sesiones, párra. 6, (*Selección de Decisiones 16, 84*).